◆ 動詞と過去分詞

visiter	visité	訪れる，見学する
finir	fini	終える
choisir	choisi	選ぶ
prendre	pris	取る，買う，乗る
apprendre	appris	学ぶ
comprendre	compris	理解する
faire	fait	する，作る
écrire	écrit	書く
dire	dit	言う
offrir	offert	贈る，与える
ouvrir	ouvert	開ける
mettre	mis	置く，入れる，着る
lire	lu	読む
boire	bu	飲む
connaître	connu	知る
entendre	entendu	聞こえる
attendre	attendu	待つ
vendre	vendu	売る
vivre	vécu	暮らす
voir	vu	見る，会う
savoir	su	知る
recevoir	reçu	受け取る
pouvoir	pu	できる
devoir	dû	しなければならない
vouloir	voulu	欲する
être	été	〜である
avoir	eu	持っている

◆ être を使って複合過去を作る動詞と過去分詞

aller	allé	行く
venir		
		のぼる
descendre	descendu	降りる
tomber	tombé	落ちる，転ぶ
rester	resté	とどまる
rentrer	rentré	帰る
passer	passé	通る
naître	né	生まれる
mourir	mort	死ぬ
revenir	revenu	戻る
devenir	devenu	〜になる

◆ 代名動詞

se coucher	寝る
se lever	起きる
se réveiller	目を覚ます
se laver	洗う
se brosser	歯を磨く
s'arrêter	止まる
se casser	壊れる
se dépêcher	急ぐ
s'excuser	謝る
s'habiller	服を着る
se promener	散歩する
se rencontrer	出会う
se reposer	休息する
se vendre	売られる
s'occuper de	世話をする
s'intéresser à	興味を持つ
se souvenir de	思い出す
se moquer de	馬鹿にする

◆ faire を使った表現

faire du sport	スポーツをする
faire du tennis	テニスをする
faire des courses	買い物をする
faire la cuisine	料理をする
faire la vaisselle	皿を洗う
faire le ménage	家事をする
faire la lessive	洗濯をする
faire le lit	ベッドメイキングをする

◆ prendre を使った表現

prendre un taxi	タクシーに乗る
prendre le métro	地下鉄に乗る
prendre du thé	お茶を飲む
prendre un bain	風呂に入る
prendre une douche	シャワーを浴びる
prendre une photo	写真を撮る
prendre des vacances	休暇をとる

◆ 時の表現（未来）

demain	明日
➢ demain matin	明日の朝
➢ demain soir	明日の晩
après-demain	明後日

dans + 期間 = ○○後

dans une heure	1時間後
dans 3 jours	3日後
dans une semaine	1週間後
dans 3 semaines	3週間後
dans un mois	1か月後
dans 3 mois	3か月後
dans 3 ans	3年後

la semaine prochaine	来週
➢ lundi prochain	次の月曜
➢ mardi prochain	次の火曜
➢ mercredi prochain	次の水曜
➢ jeudi prochain	次の木曜
➢ vendredi prochain	次の金曜
➢ samedi prochain	次の土曜
➢ dimanche prochain	次の日曜
le mois prochain	来月
l'année prochaine	来年

avant 30 ans	30歳までに
un jour	いつか

◆ 時の表現（過去）

hier	昨日
hier soir	昨夜
avant-hier	一昨日
l'an dernier	去年
l'année dernière	去年
le mois dernier	先月
la semaine dernière	先週
pendant 5 ans	5年間
il y a 3 jours	3日前
il y a 3 ans	3年前
en (西暦)	〜年に

◆ 副詞

tôt	早く	vite	速く
tard	遅く	lentement	ゆっくりと

◆ 場所を表す前置詞

à	〜に	chez	〜の家に
dans	〜の中に	de	〜から
devant	〜の前に	derrière	〜の後ろに
en	〜に	par	〜を通って
sur	〜の上に	sous	〜の下に
vers	〜の方に	jusqu'à	〜まで
pour	〜に向かって	entre	〜の間に

◆ tout を使った表現

tous les matins	毎朝
tous les soirs	毎晩
tous les jours	毎日
toutes les semaines	毎週
toute la semaine	1週間ずっと
toute la matinée	午前中ずっと
toute la journée	1日中
toute la nuit	1晩中
tous les deux jours	2日ごとに
tous les après-midi	毎日午後
tous les mardis	毎週火曜日
toutes les heures	1時間ごとに
toutes les trois heures	3時間おきに
tout à coup	突然
tout de suite	すぐに
tout à l'heure	もうすぐ，さっき
tout le temps	いつも，ずっと

◆ 時を表す前置詞

à	〜に	de	〜から
avant	〜より前に(までに)	après	〜の後に
dans	〜後に	depuis	〜から
dès	〜したらすぐに	en	〜に，〜で
jusqu'à	〜まで	pendant	〜の間
pour	〜の予定で	vers	〜頃

なびふらんせ2
― フランス世界遺産をめぐる ―

フランス語学習サポート教材Web〈なびふらんせ〉ポートフォリオ付き

2
― Voyage ―

Chise Aritomi
Hirofumi Ando
Tomohide Uchida
Isao Kikukawa
Etsuko Hattori

Editions ASAHI

La France

はじめに

『なびふらんせ2』は，フランス世界遺産を中心にフランスの地方について学びながら，フランス語文法の基礎完成を目指すテキストです．フランス各地を旅するイメージで学習を進めていきましょう．

文法は基本事項をわかりやすくコンパクトにまとめました．フランス旅行で使える会話演習もあります．声に出して練習し，しっかり覚えていきましょう．また，各地にちなんだ短い読み物もあり，語彙や表現を増やしながらフランス語を読む力も養いましょう．

文法・語彙・表現の内容は，フランス語の運用能力を評価する検定試験への対応も視野に入れ，実用フランス語技能検定（3級）合格に必要なレベルを満たしています．検定試験にも挑戦してはいかがでしょうか？

外国語の学習は継続することが大切です．授業時間外の自主学習では，授業の予習・復習が手軽にできる「フランス語学習サポート教材：Web〈なびふらんせ -2〉」を使いましょう．全ての学習コンテンツは，PC，スマートフォン等の携帯情報端末（iOS・Android）で利用できます．

Web〈なびふらんせ -2〉には，学習者が自主的にかつ効率よく学べるようポートフォリオを搭載しています．ポートフォリオは，学習者が自分の学習過程をふり返り（何をどこまでやったのか，何を学ぶ必要があるのか），自分で検証し，自分に必要な学習事項を知るためのデータファイルです．

まずは，Web〈なびふらんせ -2〉の学習コンテンツを使って予習・復習をし，学習課の内容を十分に理解できたら【テスト】を受けましょう．【テスト】の点数は自動的にポートフォリオに記録されていきます．

結果を自分で省察し，主に「習得度」「学習過程」「今後の課題」の3点からコメントを記入します．書く行為を経ることで，自分の学習方法の改善点や克服すべき事柄がはっきりとしてきます．

「記録を残す」⇔「記録を見る」，この行為を無理なく学習に導入して利用できるシステムをWeb〈なびふらんせ -2〉で実現しました．

テキスト『なびふらんせ2』とWeb教材：Web〈なびふらんせ -2〉，そしてポートフォリオを連動させてフランス語学習を継続していきましょう．

著者一同

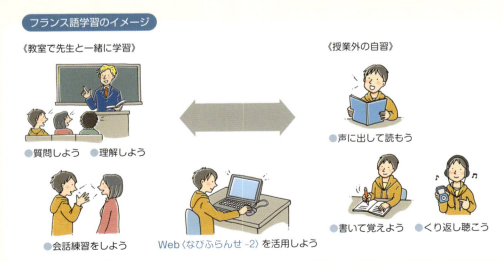

Table des matières

	Titre	Photos du Voyage	Grammaire	page
Leçon 0	**Voyage**	フランス世界遺産をめぐる	◆フランス世界遺産 ◆旅のスケジュール ◆鉄道の旅	10
Leçon 1	**Le Havre et Rouen**	パリから旅をはじめよう！	◆直説法複合過去 ◆代名動詞の直説法複合過去	14
Leçon 2	**Le Mont-Saint-Michel**	TGVに乗ってブルターニュへ	◆直説法半過去 ◆直説法大過去	18
Leçon 3	**Les châteaux de la Loire**	ロワールの古城めぐり	◆直説法単純未来 ◆直説法前未来	22
Leçon 4	**Bordeaux**	ワインの生産地ボルドー	◆受動態 ◆強調構文 ◆connaître と savoir	26
Leçon 5	**Carcassonne**	歴史的城塞都市カルカソンヌ	◆現在分詞 ◆ジェロンディフ ◆使役動詞と知覚動詞	30
Leçon 6	**La Côte d'Azur**	コート・ダジュール "紺碧の海岸"	◆比較級 ◆最上級 ◆特殊な比較級と最上級	34

Web〈なびふらんせ〉アクセス方法

Web〈なびふらんせ〉を利用するには，あらかじめユーザー ID とパスワードを登録する必要があります．

◆ **Web〈なびふらんせ〉ログイン手順**
① Web〈なびふらんせ〉の URL（以下）にアクセス
   http://navifr.sz.tokoha-u.ac.jp/
② ユーザー ID とパスワードを入力
   ［ユーザー ID は〈初めての方はこちらへ〉を
   クリックして事前に作成する］
③ 「ログイン」ボタンをクリック
④ 「なびふらんせ -2」をクリック
⑤ メインメニュー画面表示

● 「なびふらんせ -1」も使えます（共通 ID） ●学生用 ID 登録後の「所属クラスの設定」について → 担当の先生の指示に従ってください

※全ての学習コンテンツはスマートフォン等の
　携帯情報端末（iOS・Android）からもアクセス可能

Web〈なびふらんせ〉は（常葉大学）有富智世・喜久川功
の共同研究開発成果物として公開
科学研究費補助金基盤研究 (C) ［課題番号：26370678］

Leçon 7	La Provence	バスツアーでプロヴァンスをめぐる	◆中性代名詞 ◆代名詞の語順	38
Leçon 8	Lyon	歴史地区を歩き，美食の都を楽しむ	◆関係代名詞 (1) ◆過去分詞の性・数一致 ◆ tout の用法	42
Leçon 9	Dijon	ディジョンの街では"フクロウ"をたどる！	◆疑問代名詞 ◆関係代名詞 (2) ◆所有代名詞	46
Leçon 10	Strasbourg	ドイツの香りが強いヨーロッパの中心都市	◆条件法現在 ◆条件法過去 ◆仮定の用法	50
Leçon 11	Nancy	アール・ヌーヴォーの街	◆話法 ◆時制の一致	54
Leçon 12	Versailles	パリから日帰りの旅（ヴェルサイユ）	◆接続法現在 ◆接続法過去	58

P6へ

付録
- ●パリから日帰りの旅（シャルトル，他） 62
- ●補足：地図（プロヴァンス） 64
- ●フランス世界遺産リスト 65
- ●文法まとめ 66
- ●動詞変化表 71
- ●数字（一覧） 86
- ●よく使う表現・数字（早見表） 巻末

Web〈なびふらんせ〉にアクセスしてみよう！

ログインすると【メインメニュー】が表示されます．
学習したい課をクリックすれば，7つの学習コンテンツが使えます．さっそく活用しましょう．

●メインメニューと学習コンテンツ●

【コンテンツ別コーナー】
ここから学習したい各コンテンツにアクセスすることも可能です

P8へ

本書の構成

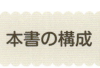

各課　1-2 ページ：フランス各地と世界遺産 / 語彙と表現 / 読み物
　　　　3-4 ページ：文法 / 練習問題

Photos du Voyage

- フランスの地方（各都市）を写真から概観します．各課の学習を始める前に，フランス語を使う現地をイメージしましょう．このページは語彙や表現の学習時にも活用してください．
- ミニ会話は，観光名所や様々な場面で使える実用的な会話です．積極的に会話練習をして覚えていきましょう．

旅の軌跡を地図で確認しましょう．

全12課で"フランス世界遺産をめぐる17日間の旅"をバーチャル体験します．都市間の移動は鉄道に乗ります．発着時刻から移動距離を感じてください．
（**TGV** は TGV 利用を示す）

Vocabulaire と **言ってみよう**

まず語彙や表現をしっかり覚えて，「言ってみよう」を使って練習します．【Photos du Voyage】の写真やミニ会話も利用して，現地で使えるフランス語を学んでいきましょう．

👑 世界遺産と登録年

🏠【学習ナビ】テキストと Web 教材をつなぐ学習ナビです．予習・復習に参照してください．

読んでみよう

各課で訪れる都市や名所にちなんだ読み物です．まず，学習課の文法について探りながら大よその内容をつかみましょう．
文法事項を学んだ後に読み直し，フランス語を読む力も養っていきましょう．

Civilisation

写真を見ながらフランスの地方都市や世界遺産に関する概説を読みましょう．

【空欄箇所】
文法ページの空欄スペースは，学習を進めながら記入していく箇所です．書いて理解を深めましょう．

フランス語の音声を聴き，口頭練習をくり返して覚えましょう．

Exercices
練習問題を解いて文法の理解度を確認しましょう．

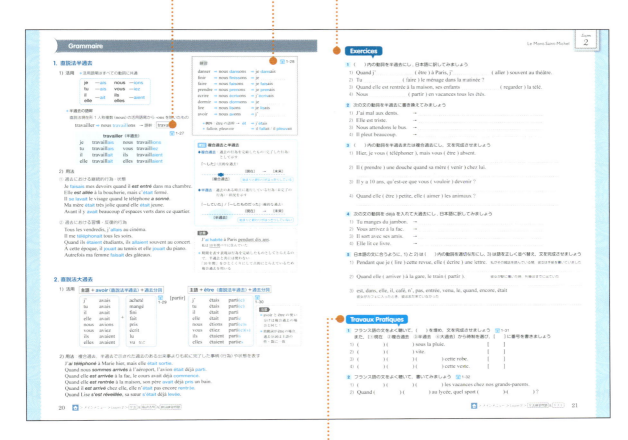

Travaux Pratiques
フランス語の文を聴き取り，問題を解きましょう．

 音声サイト URL

http://text.asahipress.com/free/french/navifr2/index.html

Web〈なびふらんせ〉を活用しよう ―【学習コンテンツ】⇔【テスト】&【ポートフォリオ】で学ぶ―

I 確認しよう！【文法】【語彙と表現】【動詞活用】で基本事項を学習する

【文法】
テキストの文法ページに対応したいわば「参考書」のページ
（予習・復習に活用でき，ダウンロードやプリントアウトにも対応）

【動詞活用】一覧から確認

【語彙と表現】
・単語の意味とスペルを確認
・フランス語の読み方を確認

II 練習しよう！【文法練習問題】【動詞練習問題】で実践する・【語彙と表現】で覚える

【文法練習問題】クイズ感覚で様々な文法問題を解く

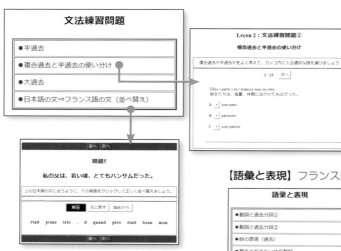

【動詞練習問題】書く
動詞活用の特徴をつかむ

【語彙と表現】フランス語 ⇔ 日本語（意味）をくり返して覚える

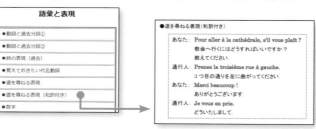

III チェックしよう！【写真と動画】を見る・【資料】を読む・フランス語音声をダウンロードする

【写真と動画】Photos du Voyage 拡大版
（動画もチェックしてください）

【資料】フランス語音声のダウンロード・
Photos du Voyage の補足や解説

【総合問題】
3課終了毎に「文法力試し」をしよう
●担当の先生が課題にした場合
　→ダウンロード＆プリントアウト
　→解答（提出）
●自主的に解いた場合
　→【解答と解説】にアクセス → 自己採点
　→【解答と解説】にアクセスできない
　　→担当の先生に問い合わせる

IV 習得度を検証しよう！　課の内容を一通り学習したら【テスト】をクリック

【テスト】
学習している課の文法・動詞活用・語彙と表現などの問題を解く

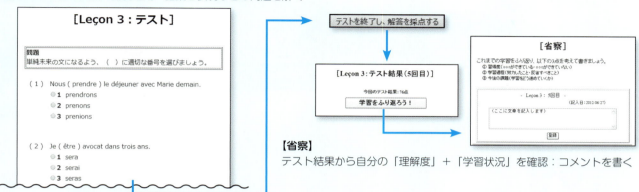

【省察】
テスト結果から自分の「理解度」＋「学習状況」を確認：コメントを書く

▶ 自分で必要だと考える「学習」を実践 → 「テスト」で確認 → 結果から「省察」→ このサイクルをくり返そう！

V 学習をふり返ろう！　【ポートフォリオ】をクリックして学習過程（記録）を確認する

【ポートフォリオ】には「テスト結果」と「自己分析」の記録が蓄積されます
▶ メインメニュー画面（最下部）の【ポートフォリオ】をクリック
▶ 自分の学習過程（記録）を確認

「学籍番号：氏名」をクリック ⇒ 〈Leçon 3〉をクリック ⇒ 詳細表示

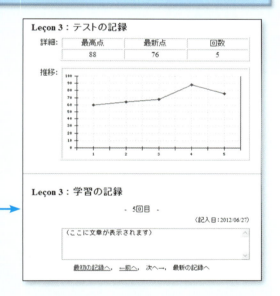

▶ ポートフォリオを見れば Web 上での学習の努力と結果は一目瞭然！
▶ 理解の持続と知識の定着を検証しながら学習を継続していこう！

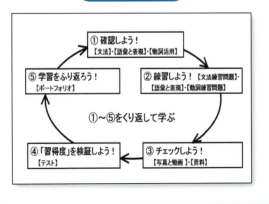

[1] 【学習コンテンツ】で復習（①②③）
[2] 学習内容の習得度チェックで【テスト】を受ける（④）
[3] 【テスト】の点数は自動的に【ポートフォリオ】に記録
[4] 結果を省察（⑤）：「習得度」「学習過程」「今後の課題」の３点から
　　コメントを記入
[5] 学習方法の改善点・克服すべき事柄を認識
[6] 〔学習サイクル〕をくり返す
　　　⇔【ポートフォリオ】を活用

▶ 他者の記録を参考に学習過程を見直す
　〔ポートフォリオ・ベストプラクティス〕機能もあります

Leçon 0

Voyage

フランス世界遺産をめぐる

- ル・アーブル
- ルーアン
- パリ
- ストラスブール
- モン・サン・ミッシェル
- ナンシー
- レンヌ
- トゥール
- ディジョン
- ボーヌ
- FRANCE
- リヨン
- ボルドー
- アヴィニョン
- トゥールーズ
- アルル
- カンヌ
- ニース
- マルセイユ
- カルカソンヌ

🇫🇷 世界遺産を知る

【世界遺産とは？】
国際連合教育科学文化機構（UNESCO）の"世界遺産条約"に基づき，人類全体にとって重要な財産で，未来の世代に引き継ぐべき「顕著で普遍的な価値」を有する文化財や遺跡，自然環境として選定・登録されたもの．
※世界遺産条約は 1972 年の第 17 回 UNESCO 総会で採択され，世界の文化財や自然環境を保存・保護する国際協力体制も規定している．

【世界遺産の分類】
- 文化遺産： 顕著な普遍的価値を有する記念物，建造物群，遺跡，文化的景観など
- 自然遺産： 顕著な普遍的価値を有する地形や地質，生態系，絶滅のおそれのある動植物の生息・生育地など
- 複合遺産： 文化遺産と自然遺産の両方の価値を兼ね備えているもの

【フランス世界遺産】（文化遺産：39 件　自然遺産：3 件　複合遺産：1 件）　2017 年時点
フランスの世界遺産は，先史時代の洞窟壁画やローマ時代の遺跡，中世の教会建築から 20 世紀の都市計画まである．このような世界遺産を訪ねることは，フランスの長い歴史と文化を知る有意義な旅となるだろう．
※1979 年-2017 年までに登録されたフランス世界遺産：43 件

（65 ページの「フランス世界遺産リスト」参照）

これから全12課で旅する主な都市と名所です．まずは地図を手掛かりに写真を見てみよう！

- ◆ ル・アーブル　　　　　　（オーギュスト・ペレの再建都市）
- ◆ ルーアン　　　　　　　　（街のシンボル：大時計）
- ◆ モン・サン・ミッシェル　（孤島の修道院）
- ◆ ロワールの古城　　　　　（シャンボール城など）
- ◆ ボルドー　　　　　　　　（世界的なワインの生産地）
- ◆ カルカソンヌ　　　　　　（ヨーロッパ最大の城塞都市）
- ◆ ニース　　　　　　　　　（地中海に面したフランス最大のリゾート地）
- ◆ ポン・デュ・ガール　　　（古代ローマの水道橋）
- ◆ アルル　　　　　　　　　（古代ローマ遺跡が多い街）
- ◆ アヴィニョン　　　　　　（法王庁宮殿とサン・ベネゼ橋）
- ◆ リヨン　　　　　　　　　（丘の上にそびえるフルヴィエール大聖堂）
- ◆ ディジョン　　　　　　　（かつてのブルゴーニュ公国の首都，マスタードが名産品）
- ◆ ボーヌ　　　　　　　　　（オテル・デューとワイン市場）
- ◆ ストラスブール　　　　　（"石のレース編み"と称えられるノートルダム大聖堂）
- ◆ ナンシー　　　　　　　　（スタニスラス広場）
- ◆ ヴェルサイユ　　　　　　（ヴェルサイユ宮殿と庭園）

フランス世界遺産をめぐる17日間の旅

全12課でバーチャルなフランス旅行をしよう！

日程	観光都市＆スケジュール	宿泊地
1	パリ〈8h53〉→ ル・アーヴル〈10h57〉〔📷 オーギュスト・ペレによる再建都市，アンドレ・マルロー近代美術館など〕 ル・アーヴル〈16h59〉→ ルーアン〈17h56〉〔📷 夜：大聖堂の"光のショー"を見る〕	ルーアン
2	ルーアン〔📷 大時計，ノートルダム大聖堂，ジャンヌ・ダルク教会，ルーアン美術館など〕 ルーアン〈17h59〉→ パリ〈19h10〉	パリ
3	パリ〈TGV 9h08〉→ レンヌ〈11h14〉〔📷 サン・ピエール大聖堂，シャピトル通り，ブルターニュ博物館，タボール庭園，ガレットを食べる〕	レンヌ
4	レンヌ〈🚌 09h35〉→ モン・サン・ミッシェル〈10h45〉〔📷 島内散策（修道院見学），名物料理のオムレツを食べる〕 モン・サン・ミッシェル〈🚌 17h30〉→ レンヌ〈18h45〉	レンヌ
5	レンヌ〈TGV 6h07〉→ ル・マン〈7h22 →乗換 7h39〉→ トゥール〈8h38〉 トゥール → ロワールの古城めぐり（バスツアーを利用）〔📷 シャンボール城，シュノンソー城など〕	トゥール
6	トゥール〈7h34〉→ サン・ピエール・デ・コール〈7h39 乗換 TGV 7h49〉→ ボルドー〈10h32〉 ボルドー →〔📷 ワインの蔵元を訪ねる（バスツアーを利用），月の港，サンタンドレ大聖堂，美術館など〕	ボルドー
7	ボルドー〈TGV 8h38〉→ トゥールーズ〈10h46〉〔📷 キャピトル，サン・セルナン・バジリカ聖堂など〕 トゥールーズ〈TGV 17h50〉→ カルカソンヌ〈18h31〉〔📷 夜：イルミネーションに照らされた城塞都市を眺める〕	カルカソンヌ
8	カルカソンヌ〔📷 中世の城塞都市を歩く，名物料理のカスレを食べる〕 カルカソンヌ〈16h33〉→ マルセイユ〈19h43〉〔ブイヤベースを食べる〕	マルセイユ
9	マルセイユ〔📷 ノートルダム・ド・ラ・ギャルド・バジリカ大聖堂，旧港など〕 マルセイユ〈TGV 12h31〉→ ニース〈15h06〉〔📷 シャガール美術館，プロムナード・デザングレを歩く〕	ニース
10	ニース → カンヌ〔📷 旧港，クロワゼット大通りを散策〕 → ニース〔海辺のレストランでニンニクとハーブを使ったシーフード料理を食べる〕	ニース
11	（ニース発バスツアーに参加）ニース → トゥレット・シュル・ルー〔📷 中世の風景が残る"鷹の巣村"＆"スミレの村"を散策〕→ カンヌ〔📷 パレ・デ・フェスティバル・エ・デ・コングレ（カンヌ映画祭の会場），クロワゼット大通り〕→ エクサンプロヴァンス〔📷 セザンヌのアトリエ，ミラボー通りを散策，お土産：カリソンを買う〕→ アルル	アルル
12	アルル〔📷 円形闘技場，古代劇場，ゴッホの跳ね橋など〕→ ドーデの風車（アルル近郊） → レ・ボー・ドゥ・プロヴァンス〔📷 城塞，光の石切り場など，お土産：オリーヴやハーブを買う〕 → ポン・デュ・ガール〔📷 ローマの水道橋〕→ アヴィニヨン〔📷 法王庁宮殿，サン・ベネゼ橋〕 アヴィニヨン〈TGV 17:51〉→ リヨン〈18:54〉〔エスカルゴを食べる〕	リヨン
13	リヨン〔📷 歴史地区を散策，フルヴィエール大聖堂，ガロ・ローマ博物館，織物博物館，リュミエール兄弟博物館など〕 リヨン〈TGV 18:04〉→ ディジョン〈19:38〉〔ブルゴーニュワインを味わう〕	ディジョン
14	ディジョン〔📷 フクロウを辿って街を散策，ブルゴーニュ大公宮殿，リベラシオン広場，ノートルダム教会，サン・ベニーニュ大聖堂，ブルゴーニュ生活博物館，モーゼの井戸など〕ディジョン → ボーヌ〔📷 オテル・デュー，ワイン市場，ワイン博物館など〕→ ディジョン〔お土産：マスタードを買う〕	ディジョン
15	ディジョン〈TGV 8h07〉→ ストラスブール〈10h27〉〔📷 ノートルダム大聖堂，ロアン宮，プティット・フランス，アルザス博物館，タルト・フランベを食べる，お土産：パン・デピスを買う〕	ストラスブール
16	ストラスブール〈8h19〉→ ナンシー〈9h46〉〔📷 スタニスラス広場，ナンシー派美術館，ロレーヌ博物館など〕 ナンシー〈TGV 18h10〉→ パリ〈19h46〉	パリ
17	パリ〈10h00〉→ ヴェルサイユ〈10h45〉〔📷 ヴェルサイユ宮殿と庭園〕 ヴェルサイユ〈18h00〉→ パリ〈18h45〉〔📷 セーヌ・ディナークルーズ：パリの夜景を満喫する〕	パリ

フランスを鉄道で旅しよう

- フランスの地方をめぐるには，SNCF（フランス国有鉄道）を利用するのが早くて便利！（私鉄は「プロヴァンス鉄道」の1社しかない）
  フランス全土を結ぶネットワークであり，ヨーロッパの中でも遅れの少ない鉄道の一つ
- 短期間でフランスを周遊する際は，フランス国内乗り放題 (外国人用パス) **"フランスレイルパス"** を使うとお得
  1か月の有効期間のうち，好きな1〜8日用が選べる
  1等車用・2等車用があり，後者にはユース用割引（12〜27歳）もある
  フランス国内では購入不可能なので，日本から出発する前に旅行会社などで購入する

鉄道の旅（準備）

- 大まかな旅行の計画を立てるには『ヨーロッパ鉄道時刻表』が便利
  より詳細な時刻や掲載されていないローカル線，運休情報などはSNCFのサイトから調べよう
- 列車の種別はTGVとその他の列車に大きく分けられる（国際列車は除く）

TGV [TGV]：フランスの新幹線
線路の幅が同じため高速新線から在来線に乗り入れることができ，乗り換えなしで各地に向かうことができる（全車指定席で予約が必要）

その他の列車 [🚆]：

| Intercités | TGVの走らない都市間を結ぶ長距離列車 |

座席を予約しなければならない場合と，予約が可能な場合があるので，時刻表やサイトで調べてみよう

| Intercités de nuit | 夜行列車 |

座席車とクシェット（簡易寝台）で編成されている（どちらも予約が必要）

| TER (Train Express Régional) | 地方ごとに運行されている短・中距離列車 |

基本的に全車自由席で座席の予約はできない
乗客の少ない時間帯や工事中はバスで代行されることもある

現地で（乗車前）

フランスレイルパスの利用当日，最初の列車に乗る前に必ず窓口で有効印を押してもらう [valider]
有効印が押されていないパスで列車に乗ると罰金を請求される
有効印の押されたフランスレイルパスを持っている場合，自由席にはそのまま乗ることができる（別途料金不要）
TGVや夜行列車などの全車指定席の列車には，乗車前に指定券 [billet de réservation] や寝台券を別途購入する必要がある
指定券は乗車前に必ず改札機で刻印する [composter]（怠ると罰金の対象になる）
大きな駅では列車が発車する番線 [voie] は出発20分前に掲示される
発車2分前を過ぎると乗車できないことがある

現地で（乗車中）

車内では検札が頻繁に行われる
チケットが有効でないと罰金を徴収される（乗り越しの車内精算なし）
スリ [pick-pocket] / 置き引き [vol] などには注意する
ヨーロッパでよく見られたコンパートメント客室は少なくなった（現在では開放式の車内が多い）
座席は一方向を向いていて回転できない
TGVにはバー車が連結されている

〔鉄道の旅で使えるフランス語表現〕

（駅で）「このチケットを有効にしていただけますか？」
　Pourriez-vous valider ce billet, s'il vous plaît ?

（パスを見せながら）「TGVの予約をしたいのですが…」
　Je voudrais faire la réservation d'un TGV, s'il vous plaît.

（指定券を見せながら）「この列車はどのホーム（何番線）から出発しますか？」
　Ce train part de quel quai (de quelle voie) ?

（自分の席に誰かが座っていた時）「この席を予約しているのですが…」
　Excusez-moi, mais j'ai la réservation de cette place.

Leçon 1

Le Havre et Rouen

パリから旅をはじめよう！ まずはノルマンディーまで行ってみよう

Photos du Voyage

1日目 Paris《8h53》➡ Le Havre《10h57》

Le Havre, la ville reconstruite par Auguste Perret (2005)

Église St-Joseph

Musée d'Art Moderne André Malraux

Le Havre《16h59》➡ Rouen《17h56》➡ [大聖堂 "光のショー" 見学（6月〜9月）]

2日目 Rouen《17h59》➡ Paris《19h10》

Gros-Horloge

Église Sainte-Jeanne-d'Arc

Cathédrale Notre-Dame de Rouen

Dans la rue 🎧 1-02

- あなた：Pour aller à la cathédrale, s'il vous plaît ?
- 通行人：Prenez la troisième rue à gauche.
- あなた：Merci beaucoup !
- 通行人：Je vous en prie.

Musée des Beaux-Arts de Rouen

Vocabulaire 1　動詞と過去分詞　🎧 1-03

□ visiter	visité	訪れる，見学する
□ finir	fini	終える
□ choisir	choisi	選ぶ
□ prendre	pris	取る，買う，乗る
□ apprendre	appris	学ぶ
□ comprendre	compris	理解する
□ faire	fait	する，作る
□ écrire	écrit	書く
□ dire	dit	言う
□ offrir	offert	贈る，与える
□ ouvrir	ouvert	開ける
□ mettre	mis	置く，入れる，着る
□ lire	lu	読む
□ boire	bu	飲む
□ connaître	connu	知る
□ entendre	entendu	聞こえる
□ attendre	attendu	待つ
□ vendre	vendu	売る
□ vivre	vécu	暮らす
□ voir	vu	見る，会う
□ savoir	su	知る
□ recevoir	reçu	受け取る
□ pouvoir	pu	できる
□ devoir	dû	しなければならない
□ vouloir	voulu	欲する
□ être	été	〜である
□ avoir	eu	持っている

Vocabulaire 2　🎧 1-04

[êtreを使って複合過去を作る動詞と過去分詞]

□ aller	allé	行く
□ venir	venu	来る
□ arriver	arrivé	着く
□ partir	parti	出発する
□ entrer	entré	入る
□ sortir	sorti	出る，外出する
□ monter	monté	のぼる
□ descendre	descendu	降りる
□ tomber	tombé	落ちる，転ぶ
□ rester	resté	とどまる
□ rentrer	rentré	帰る
□ passer	passé	通る
□ naître	né	生まれる
□ mourir	mort	死ぬ
□ revenir	revenu	戻る
□ devenir	devenu	〜になる

🎧 1-05
● 数字 1
100 cent
200
300
400
500
600
700
800
900
1000 mille
1100

🎧 1-06
● 数字 2
1415
1500
1515
1616
1717
1818
1919
2000
2001

言ってみよう ❶
Vocabulaire 1&2 を発音してみよう

言ってみよう ❷　表の数字を使ってみよう

僕は＿＿＿年に生まれた　**Je suis né　en** ＿＿＿＿＿＿．
私は＿＿＿年に生まれた　**Je suis née en** ＿＿＿＿＿＿．
（86ページの「数字（一覧）」参照）

Cet écrivain　est mort　en 1925.
Cette actrice est morte en ＿＿＿＿＿＿．

読んでみよう 🎧 1-07

　Yuki a commencé à voyager en France. Elle va visiter des sites touristiques. Le lendemain de son arrivée à Paris, elle a pris le train pour visiter Le Havre et Rouen. Elle s'est promenée en ville toute la journée.

🇫🇷 Civilisation

ル・アーヴル

オーギュスト・ペレ　第二次世界大戦中，ル・アーヴルは廃墟と化した．1945年〜1964年にかけて建築家ペレは，サン・ジョゼフ教会，集合住宅など，街の復興に携わった．この都市再建が認められ，2005年，世界遺産に登録された．

アンドレ・マルロー美術館　19世紀後半，印象派の画家たちは，ル・アーヴル港の風景を数多く描いた．ここでは，モネやブーダンをはじめとする印象派の作品を鑑賞できる．モネの『印象、日の出』（パリ，マルモッタン美術館所蔵）もこの美術館の近くで描かれた．

ル・アーヴル市庁舎

ルーアン

大時計　14世紀より時を刻むルネッサンス様式の時計．ルーアンのシンボル．
ジャンヌ・ダルク　英仏百年戦争でフランスを奇跡的な勝利へと導いたオルレアンの少女．しかし，魔女として断罪され，1431年5月30日，ルーアンの地で火刑に処された．処刑が執り行われた場所に，ジャンヌ・ダルク教会が建てられた．
ノートルダム大聖堂　モネが連作を描いたことでも有名．
その他　ルーアン美術館／木骨組みの家並み／ルーアン焼き

Grammaire

1. 直説法複合過去

1) 主語 ＋ **avoir**（直説法現在）＋ 過去分詞　［他動詞および大部分の自動詞は助動詞に avoir を用いる］

[faire]

j'	ai	fait		je	n'ai	pas	fait
tu	as	fait		tu	n'as	pas	fait
il	a	fait		il	n'a	pas	fait
elle	a	fait		elle	n'a	pas	fait
nous	avons	fait		nous	n'avons	pas	fait
vous	avez	fait		vous	n'avez	pas	fait
ils	ont	fait		ils	n'ont	pas	fait
elles	ont	fait		elles	n'ont	pas	fait

確認 用法
1) 過去：過去における行為や出来事
2) 完了：現在までに完了した行為
3) 経験

注意 助動詞が être の場合、過去分詞は主語の性・数に一致

2) 主語 ＋ **être**（直説法現在）＋ 過去分詞　［一部の自動詞は助動詞に être を用いる］

[aller]

je	suis	allé(e)		je	ne	suis	pas	allé(e)
tu	es	allé(e)		tu		n'es	pas	allé(e)
il	est	allé		il		n'est	pas	allé
elle	est	allée		elle		n'est	pas	allée
nous	sommes	allé(e)s		nous	ne	sommes	pas	allé(e)s
vous	êtes	allé(e)(s)		vous		n'êtes	pas	allé(e)(s)
ils	sont	allés		ils	ne	sont	pas	allés
elles	sont	allées		elles	ne	sont	pas	allées

＊倒置疑問文：　A-t-elle vu Jeanne ?　　Est-elle rentrée à la maison ?
＊否定倒置疑問文：N'a-t-elle pas vu Jeanne ?　N'est-elle pas rentrée à la maison ?

2. 代名動詞の直説法複合過去

＊代名動詞の複合過去形では助動詞は常に être を用いる

se coucher（複合過去）

je	me suis	couché(e)	nous	nous	sommes	couché(e)s
tu	t'es	couché(e)	vous	vous	êtes	couché(e)(s)
il	s'est	couché	ils		se sont	couchés
elle	s'est	couchée	elles		se sont	couchées

確認 **se coucher（現在）**

je	me	couche	nous	nous	couchons
tu	te	couches	vous	vous	couchez
il	se	couche	ils	se	couchent
elle	se	couche	elles	se	couchent

＊否定文　　Elle **ne** se lève **pas** tôt le dimanche.　　Elle **ne** s'est **pas** levée à 7 heures hier.
＊倒置疑問文　Vous couchez-**vous** tard ?　　Vous êtes-**vous** couché(e)(s) tard ?

＊再帰代名詞（se）が直接目的補語のとき，過去分詞は再帰代名詞（＝主語）の性・数に一致する

　　Elle s'est lavée.　　　　　　（se＝直接目的補語）再帰的用法
　　Elle s'est lavé les mains.　　（se＝間接目的補語／性・数一致しない）
　　Elles se sont écrit.　　　　　（se＝間接目的補語）相互的用法

＊複合過去の受動的用法と本質的用法では，過去分詞は再帰代名詞の性・数に一致する

　　Cette revue s'est bien vendue.　（se＝直接目的補語）受動的用法
　　Marie s'est moquée de Jean.　　（se＝直接目的補語）本質的用法

確認 se lever（現在）を書いてみよう

je	me
tu	te
il	se
elle	se
nous	nous
vous	vous
ils	se
elles	se

1) 再帰的用法　　　　　　　　Je me couche à minuit. / Je me lave.
2) 相互的用法（主語＝複数）　Ils se regardent. / Ils s'écrivent.
3) 受動的用法（主語＝物）　　Ce gâteau se fait en 15 minutes.
4) 本質的用法　　　　　　　　Je m'intéresse beaucoup à la cuisine française.

確認 肯定命令文（te → toi に変える）
Tu te lèves.　　　➡ Lève-toi !
Nous nous levons　➡ Levons-nous !
Vous vous levez　➡ Levez-vous !

Leçon 1

Le Havre et Rouen

Exercices

1 フランス語の文を日本語に訳してみましょう
1) Marie a visité Rouen le mois dernier. [過去]
2) Tu as fini tes devoirs ? — Non, je n'ai pas encore fini mes devoirs. [完了]
3) Elle n'est jamais allée en France. [経験]

2 [　]内の動詞を複合過去にしてみましょう
1) Tu _____ une douche ?　[prendre]
2) Il _____ un billet d'avion.　[acheter]
3) Vous _____ ces livres ?　[lire]
4) Elles _____ à la gare de Rouen.　[arriver]

3 フランス語の文を否定疑問文にし，Non と Si で答えてみましょう

Vous avez pris le métro.

[否定疑問文に] Vous _____ le métro ?
　　　　　　— Non, _____
　　　　　　— Si, _____

4 右の語群から動詞を選び，複合過去にしてみましょう
1) Hier, j'_____ du tennis avec Julien.
2) Cet après-midi, Marie _____ à la tour Eiffel.
3) Il _____ son travail à 9 heures du soir.
4) Ils _____ à Paris mercredi dernier.
5) Elles _____ pour Rouen la semaine dernière.

arriver
faire
finir
partir
monter

5 (　)内の代名動詞を複合過去にしてみましょう
1) Je (se lever : _____) tôt. （je＝女性）
2) Elles (se laver : _____).
3) Elles (se laver : _____) les cheveux.
4) Nous (se promener : _____) dans le vieux quartier.（nous＝男性）
5) Vous (se brosser : _____) les dents après le repas.

6 フランス語の文を①〜③の指示にしたがって，書き換えましょう
1) Il se réveille à sept heures.
　① 否定文に　→ _____
　② 複合過去の文に　→ _____
　③ ②の文を否定文に　→ _____
2) Tu te dépêches.（tu＝男性）
　① 命令文に　→ _____
　② 否定命令文に　→ _____
　③ 複合過去の文に　→ _____

1-15

● 時の表現
□ hier　　　　　　　　昨日
□ hier soir　　　　　　昨夜
□ avant-hier　　　　　一昨日
□ l'an dernier　　　　　去年
□ l'année dernière　　　去年
□ le mois dernier　　　先月
□ la semaine dernière　先週
□ pendant 5 ans　　　 5年間
□ il y a 3 jours　　　　3日前
□ il y a 3 ans　　　　 3年前
□ en（西暦）　　　　　〜年に

1-16

● 代名動詞
□ se coucher　　　寝る
□ se lever　　　　起きる
□ se réveiller　　　目を覚ます
□ se laver　　　　洗う
□ se brosser　　　歯を磨く
□ s'arrêter　　　　止まる
□ se casser　　　　壊れる
□ se dépêcher　　急ぐ
□ s'excuser　　　　謝る
□ s'habiller　　　　服を着る
□ se promener　　散歩する
□ se rencontrer　　出会う
□ se reposer　　　休息する
□ se vendre　　　売られる
□ s'occuper de　　世話をする
□ s'intéresser à　　興味を持つ
□ se souvenir de　思い出す
□ se moquer de　馬鹿にする

Travaux Pratiques

1 フランス語の文をよく聴いて，ふさわしい絵を①〜④から選びましょう　1-17
1) (　)
2) (　)
3) (　)

2 フランス語の文をよく聴いて，書いてみましょう　1-18
1) (　) (　) (　) aux États-Unis.
2) (　) (　) (　) (　) il y a dix ans.

17

Leçon 2

Le Mont-Saint-Michel

パリ "モンパルナス駅" から TGV に乗れば約2時間でブルターニュ！

Photos du Voyage

3日目 Paris 《TGV 9h08》 ➡ **Rennes** 《11h14》

Cathédrale St-Pierre　　Musée de Bretagne

Devant la gare　　🎧 1-19

あなた : Où est l'arrêt du bus pour le Mont-Saint-Michel ?
通行人 : Là-bas. C'est juste à côté de la gare.

4日目 Rennes 《🚌 9h35》 ➡ **Le Mont-Saint-Michel** 《🚌 17h30》 ➡ **Rennes** 《18h45》

レンヌ駅からバスで約1時間　　Le Mont-Saint-Michel et sa baie (👑 1979)

言ってみよう ❶ Vocabulaire 1 と 21〜69 の数字を使う

Quand mon père avait (　　) ans, il était ＿＿＿＿＿＿.
● 彼の父が (　　) 歳のとき，＿＿＿＿＿＿だった

Quand ma mère avait (　　) ans, elle était ＿＿＿＿＿＿.
● 私の母が (　　) 歳のとき，＿＿＿＿＿＿だった

20	vingt	21	vingt et un
30	trente	31	trente et un
40	quarante	41	quarante et un
50	cinquante	51	cinquante et un
60	soixante	61	soixante et un

🎧 1-20

Vocabulaire 1 　職業　🎧 1-21

avocat(e)	弁護士	écrivain(e)	作家
musicien(enne)	音楽家	pharmacien(enne)	薬剤師
cuisinier(ère)	料理人	infirmier(ère)	看護師
boulanger(ère)	パン屋	pâtissier(ère)	菓子職人
serveur(euse)	給仕	vendeur(euse)	販売員
chanteur(euse)	歌手	acteur(trice)	俳優（女優）
peintre	画家	dentiste	歯医者

Vocabulaire 2　🎧 1-22

faire du sport	スポーツをする
faire du tennis	テニスをする
faire des courses	買い物をする
faire la cuisine	料理をする
faire la vaisselle	皿を洗う
faire le ménage	家事をする
faire la lessive	洗濯をする
faire le lit	ベッドメイキングをする

確認　faire (fait)　🎧 1-24

je	fais	nous	faisons
tu	fais	vous	faites
il	fait	ils	font
elle	fait	elles	font

言ってみよう ❷ Vocabulaire 2 を使う

● 〜した　　　　　　J'ai fait ＿＿＿＿＿＿.
● 〜していた　　　　Je faisais ＿＿＿＿＿＿.
（〜したものだった）

　　　　　J'ai fait　　le ménage.
　　　　　Je faisais　le ménage.

言ってみよう ❸ Vocabulaire 3 を使う

● 〜した　　　　　　J'ai pris ＿＿＿＿＿＿.
● 〜していた　　　　Je prenais ＿＿＿＿＿＿.
（〜したものだった）

　　　　　J'ai pris　　un bain.
　　　　　Je prenais　un bain.

Vocabulaire 3　🎧 1-23

prendre un taxi	タクシーに乗る
prendre le métro	地下鉄に乗る
prendre du thé (du café)	お茶（コーヒー）を飲む
prendre un bain	風呂に入る
prendre une douche	シャワーを浴びる
prendre une photo	写真を撮る
prendre des vacances	休暇をとる

確認　prendre (pris)　🎧 1-25

je	prends	nous	prenons
tu	prends	vous	prenez
il	prend	ils	prennent
elle	prend	elles	prennent

読んでみよう 🎧 1-26

　Le troisième jour, Yuki est allée jusqu'à Rennes en TGV. Le lendemain, elle a pris le bus pour aller au Mont-Saint-Michel. Elle **voulait** le visiter depuis longtemps, parce qu'elle **avait vu** un documentaire à la télévision au Japon. Il **faisait** beau et c'**était** magnifique. Il y **avait** beaucoup de touristes. Elle a goûté la fameuse omelette. C'**était** un peu cher.

🇫🇷 Civilisation

レンヌ

サン・ピエール大聖堂　1844年に完成のネオ・バロック様式．内部はアーチ状の天井と祭壇を取り囲む円柱で構成され，荘厳な雰囲気が漂う．

レンヌ美術館　14〜20世紀の絵画を所蔵．17世紀フランスの画家ジョルジュ・ド・ラ・トゥールの『新生児』があることでも有名．

ブルターニュ博物館　約1900㎡のスペースにブルターニュの歴史・風俗・文化を展示．図書館やプラネタリウムを備えた複合文化施設レ・シャン・リーブルの中にある．

旧市街　レピュブリック広場の北側一帯．サン・ジョルジュ通りやシャピトル通りでは，15〜16世紀の木骨組みの家並みを見ることができる．

モン・サン・ミッシェル

修道院　8世紀初め，司教オベールは"修道院を建てよ"という大天使ミカエルのお告げを聞く．修道院が建てられて以来，多くの巡礼者が聖地としてこの島を訪れた．島と一体化してそびえ立つ修道院は，数世紀にわたり増改築をくり返してきたため，様々な建築様式が混在する．内部は上階・中階・下階からなる三層構造をなし，回廊・西のテラス・修道院付属教会・騎士の間・大車輪・サン・マルタン礼拝堂・大階段などを見学できる．

名物料理とお土産　レストラン「ラ・メール・プラール」のオムレツ／ノルマンディー産バターのクッキー

Grammaire

1. 直説法半過去

1) 活用　＊活用語尾はすべての動詞に共通

je	—ais	nous	—ions
tu	—ais	vous	—iez
il	—ait	ils	—aient
elle	—ait	elles	—aient

＊半過去の語幹

直説法現在形1人称複数 (nous) の活用語尾から -ons を除いたもの

travailler ➡ nous travaillons → 語幹：travaill

travailler（半過去）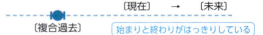

je	travaillais	nous	travaillions
tu	travaillais	vous	travailliez
il	travaillait	ils	travaillaient
elle	travaillait	elles	travaillaient

練習

danser	➡ nous dansons	➡ je dansais
finir	➡ nous finissons	➡ je _____
faire	➡ nous faisons	➡ je faisais
prendre	➡ nous prenons	➡ je prenais
écrire	➡ nous écrivons	➡ j'écrivais
dormir	➡ nous dormons	➡ je _____
lire	➡ nous lisons	➡ je lisais
avoir	➡ nous avons	➡ j' _____

＊例外：être の語幹 → ét ➡ j'étais
＊falloir, pleuvoir ➡ il fallait / il pleuvait

2) 用法

① 過去における継続的行為・状態

Je faisais mes devoirs quand il est entré dans ma chambre.
Elle est allée à la boucherie, mais c'était fermé.
Il se lavait le visage quand le téléphone a sonné.
Ma mère était très jolie quand elle était jeune.
Avant il y avait beaucoup d'espaces verts dans ce quartier.

② 過去における習慣・反復的行為

Tous les vendredis, j'allais au cinéma.
Il me téléphonait tous les soirs.
Quand ils étaient étudiants, ils allaient souvent au concert.
À cette époque, il jouait au tennis et elle jouait du piano.
Autrefois ma femme faisait des gâteaux.

確認　複合過去と半過去

◆複合過去：過去の行為を完結したもの（完了した行為）として示す
「～した」（点的な過去）

〔複合過去〕　〔現在〕→〔未来〕
始まりと終わりがはっきりしている

◆半過去：過去のある時点に進行している行為（未完了の行為）・状況を示す
「～していた」／「～したものだった」（線的な過去）

〔半過去〕　〔現在〕→〔未来〕
始まりと終わりがはっきりしていない

注意

J'ai habité à Paris pendant dix ans.
私は10年間パリに住んでいた

＊期間を表す表現は行為を完結したものとしてとらえるので、半過去と共には使わない
「10年間」をひとくくりにして点的にとらえているため複合過去を用いる

2. 直説法大過去

1) 活用

主語 + avoir (直説法半過去) + 過去分詞

j'	avais		acheté
tu	avais		mangé
il	avait		fini
elle	avait	+	fait
nous	avions		pris
vous	aviez		écrit
ils	avaient		lu
elles	avaient		vu など

[partir]

主語 + être (直説法半過去) + 過去分詞

j'	étais	parti(e)
tu	étais	parti(e)
il	était	parti
elle	était	partie
nous	étions	parti(e)s
vous	étiez	parti(e)(s)
ils	étaient	partis
elles	étaient	parties

注意
＊avoir と être の使い分けは複合過去の場合と同じ！
＊助動詞が être の場合、過去分詞は主語の性・数に一致

2) 用法：複合過去，半過去で示された過去のある出来事よりも前に完了した事柄（行為）や状態を表す

J'ai téléphoné à Marie hier, mais elle était sortie.
Quand nous sommes arrivés à l'aéroport, l'avion était déjà parti.
Quand elle est arrivée à la fac, le cours avait déjà commencé.
Quand elle est rentrée à la maison, son père avait déjà pris un bain.
Quand il est arrivé chez elle, elle n'était pas encore rentrée.
Quand Lise s'est réveillée, sa sœur s'était déjà levée.

Leçon 2

Le Mont-Saint-Michel

Exercices

1 （ ）内の動詞を半過去にし，日本語に訳してみましょう

1) Quand j'_____ (être) à Paris, j'_____ (aller) souvent au théâtre.
2) Tu _____ (faire) le ménage dans la matinée ?
3) Quand elle est rentrée à la maison, ses enfants _____ (regarder) la télé.
4) Nous _____ (partir) en vacances tous les étés.

2 次の文の動詞を半過去に書き換えてみましょう

1) J'ai mal aux dents. → _____
2) Elle est triste. → _____
3) Nous attendons le bus. → _____
4) Il pleut beaucoup. → _____

3 （ ）内の動詞を半過去または複合過去にし，文を完成させましょう

1) Hier, je vous (téléphoner), mais vous (être) absent.

2) Il (prendre) une douche quand sa mère (venir) chez lui.

3) Il y a 10 ans, qu'est-ce que vous (vouloir) devenir ?

4) Quand elle (être) petite, elle (aimer) les animaux ?

4 次の文の動詞を déjà を入れて大過去にし，日本語に訳してみましょう

1) Tu manges du jambon. → _____
2) Vous arrivez à la fac. → _____
3) Il sort avec ses amis. → _____
4) Elle lit ce livre. → _____

5 日本語の文に合うように，1) と 2) は（ ）内の動詞を適切な形にし，3) は語を正しく並べ替え，文を完成させましょう

1) Pendant que je (lire) cette revue, elle (écrire) une lettre.　私がその雑誌を読んでいる間，彼女は手紙を書いていました

2) Quand elle (arriver) à la gare, le train (partir).　彼女が駅に着いた時，列車はすでに出ていた

3) est, dans, elle, il, n', pas, entrée, venu, le, quand, encore, était, café
彼女がカフェに入ったとき，彼はまだ来ていなかった

Travaux Pratiques

1 フランス語の文をよく聴いて，（ ）を埋め，文を完成させましょう　🎧 1-31
また，〔①現在　②複合過去　③半過去　④大過去〕から時制を選び，〔　〕に番号を書きましょう

1) (___) (___) sous la pluie. [___]
2) (___) (___) vite. [___]
3) (___) (___) (___) cette robe. [___]
4) (___) (___) (___) cette veste. [___]

2 フランス語の文をよく聴いて，書いてみましょう　🎧 1-32

1) (___) (___) (___) les vacances chez nos grands-parents.
2) Quand (___) (___) au lycée, quel sport (___)-(___) ?

Leçon 3

Les châteaux de la Loire

ロワールの古城めぐりの起点 " トゥールの街 " へ

5日目 Rennes 《TGV 6h07》 ➡ le Mans 《7h22 乗換 🚋 7h39》 ➡ **Tours** 《8h38》

Photos du Voyage

Cathédrale St-Gatien et Musée des Beaux-Arts

À l'office de tourisme　🎧 1-33

◆ Je voudrais faire une excursion.
◆ Avez-vous des circuits d'une journée (une demi-journée) ?
◆ Vous avez des excursions pour la matinée (l'après-midi) ?
◆ À quelle heure est le départ ?

Tours 🚌 ➡ Les châteaux de la Loire 🚌 ➡ Tours

Château de Chambord

Val de Loire entre Sully-sur-Loire et Chalonnes (👑 2000)

Château de Chenonceau

Vocabulaire 1　時の表現　🎧 1-34

- la semaine prochaine　来週
  - lundi　　　prochain　次の月曜
  - mardi　　 prochain　次の火曜
  - mercredi　prochain　次の水曜
  - jeudi　　 prochain　次の木曜
  - vendredi　prochain　次の金曜
  - samedi　　prochain　次の土曜
  - dimanche prochain　次の日曜
- le mois prochain　来月
- l'année prochaine　来年

- avant 30 ans　30歳までに
- un jour　いつか

Vocabulaire 2　時の表現　🎧 1-35

- demain　明日
  - demain matin　明日の朝
  - demain soir　明日の晩
- après-demain　明後日

dans ＋ 期間 ＝ ○○後

- dans une heure　1時間後
- dans 3 jours　3日後
- dans une semaine　1週間後
- dans 3 semaines　3週間後
- dans un mois　1か月後
- dans 3 mois　3か月後
- dans 3 ans　3年後

avoir（単純未来）🎧 1-37

j'	aurai	nous	aurons
tu	auras	vous	aurez
il	aura	ils	auront
elle	aura	elles	auront

être（単純未来）🎧 1-38

je	serai	nous	serons
tu	seras	vous	serez
il	sera	ils	seront
elle	sera	elles	seront

Vocabulaire 3　🎧 1-36

数字（60〜100）

- 60　soixante
- 61　soixante et un
- 62　soixante-deux
- …
- 70　soixante-dix
- 71　soixante et onze
- 72　soixante-douze
- 73　soixante-treize
- 74　soixante-quatorze
- 75　soixante-quinze
- 76　soixante-seize
- 77　soixante-dix-sept
- 78　soixante-dix-huit
- 79　soixante-dix-neuf
- 80　quatre-vingts
- 81　quatre-vingt-un
- 82　quatre-vingt-deux
- …
- 90　quatre-vingt-dix
- 91　quatre-vingt-onze
- 92　quatre-vingt-douze
- …
- 100　cent

言ってみよう ❶

J'aurai（　）ans ....
＝ 私は..........で（　）歳になります

J'aurai
- 18 ans la semaine prochaine.
- 19 ans jeudi prochain.
- 20 ans le mois prochain.
- 21 ans l'année prochaine.
- 80 ans un jour.
- （　）ans dans [30〜80] ans.

言ってみよう ❷

Je serai libre ....
＝ 私は..........空いているだろう（都合がよい）

Je serai libre
- demain soir.
- dans une heure.
- dans une semaine.
- dans un mois.

読んでみよう 🎧 1-39

　Le cinquième jour, pour aller à Tours, Yuki a changé de train au Mans. Quand elle est arrivée à Tours, elle a choisi une excursion d'une journée pour visiter les châteaux de la Loire. Comme elle aime visiter les châteaux, elle *ira* aussi à Versailles. À la fin de son séjour en France, elle *aura visité* beaucoup de châteaux.

🇫🇷 Civilisation

トゥール

- **サン・ガシアン大聖堂**　13世紀に着工し，16世紀に完成した大聖堂．後陣は初期ゴシック様式，ファサードは後期ゴシックのフランボワイヤン様式，塔の上部はルネッサンス様式．内陣のステンドグラスは13世紀の傑作．
- **トゥール美術館**　17世紀の司教館を改装した美術館．15世紀，イタリアの画家マンテーニャの作品が見られる．他には，ルーベンス，ブーシェ，ドラクロワ，ドガなど充実したコレクションを誇る．
- **ロワール古城めぐりの起点**　トゥール駅前のツーリストインフォメーションで "古城めぐり・バスツアー" に申し込める．

ロワールの古城

- **シャンボール城**　ロワール流域最大の城．敷地面積5440ha．城館は高さ56m，77の階段，282の暖炉，426の部屋を備える．1515年，フランソワ1世がイタリア・ルネッサンスの影響を受け，城の建設に着手．城の中央にある "二重螺旋階段" は人がすれ違わずに昇降できるよう設計されている．
- **シュノンソー城**　16世紀の創建以来，代々の城主が女性だったことから "6人の女の城" と呼ばれる．城内にロワール川の支流であるシェール川が流れこみ，川をまたぐように白い城館がたたずむ．
- **その他の城**　アゼー・ル・リドー城，アンボワーズ城，ヴィランドリー城，ル・クロ・リュセ，ブロワ城，ショーモン・シュル・ロワール城，ユッセ城，ランジェ城

Grammaire

1. 直説法単純未来

1) 活用　＊活用語尾はすべての動詞に共通

je	—rai	nous	—rons
tu	—ras	vous	—rez
il		ils	
il / elle	—ra	ils / elles	—ront

🎧 1-40

manger（単純未来）

je mangerai	nous mangerons
tu mangeras	vous mangerez
il mangera	ils mangeront
elle mangera	elles mangeront

🎧 1-41

faire（単純未来）

je ferai	nous ferons
tu feras	vous ferez
il fera	ils feront
elle fera	elles feront

練習　🎧 1-42

◆語幹（原則）：動詞の原形から r (re) を除いたもの

chanter	➡ chante	➡ je chanterai
danser	➡ danse	➡ je _____
finir	➡ fini	➡ je finirai
partir	➡ parti	➡ je _____
attendre	➡ attend	➡ j'attendrai
écrire	➡ écri	➡ j'écrirai
prendre	➡ prend	➡ je _____

◆-er 規則動詞の変則的活用をする動詞は直説法現在1人称単数 (je) から語幹をつくる

acheter ➡ j'achète ➡ j'achèterai

◆特殊な語幹をもつ動詞　しっかり覚えよう！

être	➡ se	➡ je serai
avoir	➡ au	➡ j'aurai
aller	➡ i	➡ j'irai
venir	➡ viend	➡ je viendrai
faire	➡ fe	➡ je ferai
pouvoir	➡ pour	➡ je pourrai
vouloir	➡ voud	➡ je voudrai
devoir	➡ dev	➡ je devrai
savoir	➡ sau	➡ je saurai
voir	➡ ver	➡ je verrai
envoyer	➡ enver	➡ j'enverrai
falloir	➡ faud	➡ il faudra

2) 用法

① 未来に起こるであろう事柄 (行為・事実・状態) を表す

　J'achèterai une voiture l'année prochaine.
　Je vous téléphonerai dans trois jours.
　Il ira en France le mois prochain.
　Elle réussira l'examen.
　Il fera mauvais demain.
　Si vous prenez le métro, vous arriverez à l'heure.　＊si…＝もし…

② 2人称 (tu, vous) では，促すような「指示」(命令) の意を表す

　Tu finiras tes devoirs plus tôt.
　Tu me rendras ce livre dans deux semaines.
　Vous direz la vérité.

2. 直説法前未来

1) 活用　主語 + avoir (直説法単純未来) + 過去分詞　　主語 + être (直説法単純未来) + 過去分詞

[finir]　🎧 1-43

j'	aurai	fini
tu	auras	fini
il	aura	fini
elle	aura	fini
nous	aurons	fini
vous	aurez	fini
ils	auront	fini
elles	auront	fini

[sortir]　🎧 1-44

je	serai	sorti(e)
tu	seras	sorti(e)
il	sera	sorti
elle	sera	sortie
nous	serons	sorti(e)s
vous	serez	sorti(e)(s)
ils	seront	sortis
elles	seront	sorties

練習

être と avoir の単純未来形を言ってみよう

注意

＊avoir と être の使い分けは複合過去の場合と同じ！
＊助動詞が être の場合，過去分詞は主語の性・数に一致

2) 用法：未来のある時点ですでに完了しているであろう事柄 (行為・状態) を表す

J'aurai fini ce travail
- dans dix minutes.　(dans une heure / dans deux jours / dans trois semaines / dans un mois)
- à 15 heures.　(à 17 heures / à 19 heures / à 21 heures)
- avant midi.　(avant minuit)
- avant le 14 juillet.

Je te téléphonerai dès que
- je serai sorti(e) de mon bureau.　(de chez moi / de la salle / de l'hôpital)
- je serai arrivé(e) à la gare.　(à l'aéroport / à la station de métro / à l'hôtel)
- j'aurai pris le petit déjeuner.　(le métro / des photos)
- j'aurai vu Marie et Paul.　(mon fils / ma fille / mes enfants)

＊dès que ～ = ～するとすぐに

J'aurai déjà déménagé en Bourgogne dans trois mois.

Leçon 3

Les châteaux de la Loire

Exercices

1 ( )に適切な番号を①～③から選びましょう

1) Je ( ) tôt demain.　　① me lèverai　② me suis levé　③ me levais
2) Il ( ) beau demain après-midi.　　① faisait　② font　③ fera
3) Nous ( ) à Marseille dans trois semaines.　　① seront　② serons　③ serez
4) Tu ( ) chez moi mercredi prochain.　　① viendra　② venais　③ viendras
5) Elle ( ) chez moi vendredi prochain.　　① viendra　② venait　③ viendras

2 ( )内の動詞を単純未来にしてみましょう

1) Je (être : _____) très content de revoir Sophie.
2) Tu (pouvoir : _____) devenir médecin, si tu travailles bien.
3) Il y (avoir : _____) beaucoup de monde en été à Paris.
4) Elle (acheter : _____) une jolie jupe.
5) Nous (partir : _____) pour la France l'année prochaine.

3 ( )内の動詞を単純未来または前未来にしてみましょう

1) Qu'est-ce que vous (faire) pendant les vacances ?

2) Dès que j' (arriver), je t' (envoyer) un mail. （je＝女性）

3) Nous (finir) notre travail avant dix-neuf heures.

4) Quand Jeanne (terminer) ce travail, elle (partir) en vacances.

4 日本語の文に合うように，語を並べ替え，文を完成させましょう

1) l'aéroport, l'avion, parti, à, sera, déjà, vous, quand, arriverez
あなたが空港に着いた時には，飛行機はすでに出発しているだろう

2) aura, ma, terminé, son, avant, femme, midi, travail
私の妻は正午までには仕事を終えているでしょう

Travaux Pratiques

1 フランス語の文をよく聴いて，( )を埋め，応答として合うものを線で結びましょう　1-45

1) Qu'est-ce que ( ) ( ) l'hiver prochain ?　・　① Tu achèteras du pain.
2) (C) ( ) ( ) grand-mère ?　・　② Je partirai peut-être en Angleterre.
3) J'( ) ( ) des courses cet après-midi.　・　③ Ton père t'achètera une voiture ?
4) J'( ) le permis ( ) une semaine.　・　④ Elle va bien, mais elle aura 90 ans dans 3 jours.

2 フランス語の文をよく聴いて，書いてみましょう　1-46

1) Je ( ) ( ) ( ) ( ).
2) Nous ( ) ( ) Canada le ( ) ( ).

Leçon 4

Bordeaux

世界的なワインの生産地ボルドー

6日目 Tours 《🚌 7h34 → St-Pierre-des-Corps 7h39 乗換 TGV 7h49》
➡ **Bordeaux** 《10h32》

Photos du Voyage

Esplanade des Quinconces

Grand Théâtre

Cathédrale St-André

Bordeaux, Port de la Lune (👑 2007)

世界遺産の街並みを歩く
ワインの蔵元を訪ねる（🚌ツアー）

À l'office de tourisme 🎧 1-47

- ◆ Avez-vous des plans de ville ?
- ◆ Vous avez des dépliants touristiques sur la ville ?
- ◆ Je voudrais une brochure sur les excursions.
- ◆ Je voudrais m'inscrire à cette visite guidée.
- ◆ On peut réserver ici ?

Juridiction de St-Émilion (👑 1999)

🎧 1-48　　　🎧 1-49　　　🎧 1-50

◆季節 la saison　　◆月 le mois　　◆週 la semaine

春	le printemps	1月	janvier	月	lundi
夏	l'été	2月	février	火	mardi
秋	l'automne	3月	mars	水	mercredi
冬	l'hiver	4月	avril	木	jeudi
春に	au printemps	5月	mai	金	vendredi
夏に	en été	6月	juin	土	samedi
秋に	en automne	7月	juillet	日	dimanche
冬に	en hiver	8月	août		
		9月	septembre		
		10月	octobre		
		11月	novembre	※季節・月・曜日は男性名詞	
		12月	décembre		

言ってみよう

C'est .... qu'elle va à Bordeaux.
● 彼女がボルドーに行くのは .... なんですよ

C'est .... qu'elle est allée à Tours.
● 彼女がトゥールに行ったのは .... なんですよ

C'est .... qu'elle ira à Toulouse.
● 彼女がトゥールーズに行くつもりなのは .... なんですよ

C'est au mois d'août qu'elle ira à Paris.
C'est en octobre qu'elle est allée à Nice.

現地情報：見てみよう

読んでみよう 🎧 1-51

Yuki est arrivée à Bordeaux. Les grands vins de Bordeaux sont produits par des châteaux célèbres tel que château Margaux ou château Latour. Elle a visité des caves pour déguster du vin. C'est le vin de Saint-Émilion qu'elle préfère.

 **Civilisation**

ボルドー

ボルドー・月の港　ボルドー市街地区の1810haが世界遺産に登録されている．18〜19世紀の街並みと近年のガロンヌ河岸再開発が評価された．ボルドーは三日月のように蛇行するガロンヌ川を中心に発展した．そのため，ボルドーの通称"三日月"から登録名称は「月の港」とされた．

大劇場　1773年から1780年にかけて，建築家ヴィクトル・ルイにより設計．世界でも最も美しい劇場の一つといわれている．エントランスホールの大階段は，パリのオペラ座（ガルニエ）のモデルになった．

サンタンドレ大聖堂　南フランスゴシック様式の典型．11世紀に遡る歴史ある大聖堂．北側の「王の門」に施された彫刻『最後の審判』は1250年のもの．大聖堂の塔に登れば，ボルドーの街並みが一望できる．

その他　ボルドー美術館／アキテーヌ美術館／アキテーヌ博物館　など

インフォメーション　カンコンス広場のすぐそばにある．シャトーツアーの申し込みもできる．

ボルドーとワイン　主なブドウの品種は，カベルネ・ソーヴィニヨンとメルロ！

サンテミリオン地域　1999年に世界遺産登録された．ボルドーワインの中でも，特に名高い銘柄で知られる．

ボルドーワインの地区　オー・メドック／メドック／グラーヴ／アントル・ドゥー・メール／リブルネ　など

シャトーツアー　ボルドーでは，ブドウの栽培からワインの製造，瓶詰まで行う醸造所を"シャトー"という．シャトーツアーに参加すれば，ワインの知識を教わりながらワインの蔵元を見学できる．見学の最後は，テイスティングしながらワインの味わい方も学べる．

Grammaire

1. 受動態

> 主語 + être + 過去分詞 (e)(s) + [par/de + 動作主]

Paul utilise ce stylo.
→ Ce stylo est utilisé par Paul.

過去分詞は主語に性・数一致する

Paul invite Jean et Marie.
→ Ils sont invités par Paul.

*否定形　　　Ils ne sont pas invités par Paul.
*倒置疑問形　Sont-ils invités par Paul ?

> **注意**
>
> 能動態の主語が代名詞（je, tu, il...）のときには，受動態にできない
>
> Je regarde un film.
> → Un film est regardé par moi.

時制は être の時制変化で表す

Jean et Marie sont invités par Paul.（現在）
→ Jean et Marie ont été invités à dîner par Paul.（複合過去）

*否定形　　　Ils n'ont pas été invités par Paul.
*倒置疑問形　Ont-ils été invités par Paul ?

→ Jean et Marie étaient invités par Paul.（半過去）
→ Jean et Marie seront invités par Paul.（単純未来）

> 一般的な人を表す on が能動態の主語となっているとき，受動態では動作主を表す par 以下を省略する
>
> On a construit ce bâtiment au dix-septième siècle.
> → Ce bâtiment a été construit au dix-septième siècle.
> 　　　　*construire (construit)

動作主の示し方：基本的に **par** / 感情や状態を表す動詞のときは **de**

Marie est aimée de tout le monde.
Sophie et Léa sont connues de tout le monde.

2. 強調構文

確認 人称代名詞の強勢形　　　（参照 →『なびふらんせ1』, Leçon 7）

主語	je	tu	il	elle	nous	vous	ils	elles
強勢形	moi	toi	lui	elle	nous	vous	eux	elles

1) 主語の強調　　C'est + 主語 + qui ～

Ma mère fait la cuisine.　→ C'est ma mère qui fait la cuisine.

*強調される語が代名詞のときは，強勢形を使う

Il fait le ménage.　→ C'est lui qui fait le ménage.
J'ai envoyé le colis à Marie hier.　→ C'est moi qui ai envoyé le colis à Marie hier.

2) 主語以外の強調　　C'est + 主語以外 + que (qu') ～

J'ai envoyé **le colis** à Marie hier.　→ C'est **le colis** que j'ai envoyé à Marie hier.
J'ai envoyé le colis **à Marie** hier.　→ C'est **à Marie** que j'ai envoyé le colis hier.
J'ai envoyé le colis à Marie **hier**.　→ C'est **hier** que j'ai envoyé le colis à Marie.

3. connaître と savoir

🎧 1-52

確認 connaître (connu)

je	connais	nous	connaissons
tu	connais	vous	connaissez
il	connaît	ils	connaissent
elle	connaît	elles	connaissent

> **connaître** + 名詞

Il connaît Sophie.
Marie et Léa connaissent les rues de Bordeaux.

🎧 1-53

確認 savoir (su)

je	sais	nous	savons
tu	sais	vous	savez
il	sait	ils	savent
elle	sait	elles	savent

> **savoir** + 節 (**que** + 主語 + 動詞)

Je sais que Paul habite à Bordeaux.

> **確認**「～できる」　　（参照 →『なびふらんせ1』, Leçon 10）
>
> savoir + 動詞の原形：能力（修得して「知っている」）　Je sais nager.
> pouvoir + 動詞の原形：可能　Je peux aller à Bordeaux.

28　 > メインメニュー > Leçon 4 > 文法 & 動詞活用 & 動詞練習問題

Exercices

1 次の文を受動態に書き換えてみましょう

1) Julie invite Éric chez elle. →
2) Le père montre cette photo aux enfants. →
3) Saint-Exupéry a écrit « Le Petit Prince ». →
4) Tout le monde adore le chocolat. →
5) Les étudiants respectaient ce professeur. →
6) On a construit cette église au douzième siècle. →

2 次の受動態の文を否定文にしてみましょう

1) Cette lettre est écrite par Cécile. →
2) Ce peintre était aimé de tous. →
3) L'Amérique a été découverte au dixième siècle. →

3 次の文の下線部を強調する文に書き換えてみましょう

1) <u>Je</u> suis responsable de cette société. →
2) Vous avez mangé <u>un croissant</u> ? →
3) Nous partirons en Italie <u>samedi</u>. →
4) Ils ont donné des fleurs <u>à Sophie</u> ? →

4 下線部に，connaître または savoir を適切な形にして入れましょう

1) Il _____ mes parents.
2) Ils _____ que leur fils a acheté une voiture.
3) Je _____ qu'il est de Bordeaux.
4) _____ -vous le château Margaux ?
5) _____ -vous que Bell a inventé le téléphone ?

Travaux Pratiques

1 フランス語の文をよく聴いて，書いてみましょう 1-54

1) La ville de Kyoto ( ) ( ) par beaucoup de touristes.
2) Le téléphone ( ) ( ) ( ) par Bell.
3) Anne et Marie ( ) ( ) par Luc.

2 フランス語の文をよく聴いて，書いてみましょう 1-55

1) ( ) ( ) ( ) ( ) les courses.
2) ( ) ( ) ( ) ( ) ( ) souvent.

Leçon 5

Carcassonne

歴史的城塞都市カルカソンヌ

7日目 Bordeaux 《TGV 8h38》 ➡ **Toulouse** 《10h46》

Toulouse 《TGV 17h50》 ➡ Carcassonne 《18h31》

Capitole

Basilique St-Sernin

Les Jacobins

Au restaurant 🎧 1-56

あなた： Bonjour, vous avez une table libre ?
店員： Oui, nous avons une table en terrasse.
　　　 Vous avez une vue sur la Cité en mangeant.
あなた： Ah, ce sera magnifique !

8日目 **Carcassonne** 《🚆 16h33》 ➡ **Marseille** 《19h43》

Ville fortifiée historique de Carcassonne (♛ 1997)

30　🏠 ＞ メインメニュー ＞ Leçon 5 ＞ 写真と動画 ＆ 資料

書いてみよう　現在分詞を作ってみよう　🎧 1-57

chanter	➡ nous chant**ons**	➡	chant**ant**
danser	➡ nous dans**ons**	➡	
acheter	➡ nous _____	➡	
manger	➡ nous _____	➡	
finir	➡ nous _____	➡	
faire	➡ nous _____	➡	
prendre	➡ nous _____	➡	
sortir	➡ nous _____	➡	
voir	➡ nous _____	➡	
écrire	➡ nous _____	➡	

言ってみよう

Je fais la cuisine en _____.
Les enfants chantent en _____.
Je dis bonjour au vendeur en _____ un journal.
Les Italiens parlent beaucoup en _____.
En _____ cette leçon, on va se reposer.
En _____ ces exercices, tu comprendras mieux.
Je lis le journal en _____ le métro.
En _____ du café, j'ai vu Paul.
En _____ ce film, il s'est rappelé son enfance.
En _____ la lettre, elle a pleuré.

読んでみよう　🎧 1-58

En arrivant à Toulouse, Yuki a tout de suite compris pourquoi on appelle cette ville « Ville rose ». Après avoir visité Toulouse, elle a pris le train **partant** vers 18 heures pour Carcassonne. **En entrant** dans la Cité, elle s'est sentie comme à l'époque médiévale.

🇫🇷 Civilisation

トゥールーズ

キャピトル　トゥールーズの市庁舎（1760年完成）．絶対王政下のトゥールーズ市参事会「キャピトゥール」に由来して，「キャピトル」と呼ばれている．横幅は約150mあり，バラ色のレンガと白い石を組み合わせた美しい建築物．フレスコ画で装飾された2階の大広間は必見．

サン・セルナン・バジリカ聖堂　現存するロマネスク教会としてはフランスで最も大きい．ミエジェヴィルと呼ばれる南側入口のタンパンを飾る彫刻は12世紀初めのもの．

ジャコバン修道院　1215年に設立のドミニコ修道士会が最初に建てた修道院．1257年～1292年にかけて建てられた．1つの柱から22本の格縁が放射状に伸び，まるで天井がヤシの木で飾られているかのように見える．

その他　オーギュスタン美術館　など

スミレ　スミレの栽培地として知られている．スミレの香水やバス用品の他，紅茶やスミレの花びらの砂糖菓子なども売られている．

カルカソンヌ

歴史的城塞都市カルカソンヌ (1997)　"カルカソンヌを見ずして死ぬな"と称えられるほどのみごとな城塞都市．全長3kmにおよぶ城壁と52の塔で構成されている．城壁は歩いて回ることができ，中世そのままの雰囲気を訪れる者に感じさせる．

名物料理 "カスレ"　白インゲン，豚肉，鴨のコンフィ，ソーセージなどで作られたフランス南西部の郷土料理．特に，カルカソンヌ，トゥールーズ，カステルノダリーは，カスレの街として有名．

カスレ

Grammaire

1. 現在分詞

動詞の形容詞形で，名詞や代名詞を修飾する，または独立した分詞節として理由・条件・譲歩などを表す

形態：直説法現在の1人称複数 (nous) の活用から -ons を除いたものに -ant をつける

écouter	→	nous écoutons	→	écoutant 🎧 1-59
choisir	→	nous choisissons	→	choisissant
partir	→	nous partons	→	partant

●例外 🎧 1-60
- être → étant
- avoir → ayant
- savoir → sachant

用法：主に文語で用いられる

1) **形容詞的用法**　名詞・代名詞を修飾する．性・数は一致しない

　　Je vois Paul dansant.
　　Nous avons trouvé un magasin vendant des fruits.

2) **副詞的用法**　独立した分詞節として，理由・仮定・対立などを表す

　　Étant malade, elle reste chez elle depuis trois jours.

2. ジェロンディフ

形態：**en ＋ 現在分詞**　　aller → en allant　　voyager → en voyageant

注意
1) ジェロンディフの主語は常に主節の主語と同じ！
2) 同時性・対立の強調をしたいとき，tout をジェロンディフの前に置く

用法：口語でも文語でも用いられる．副詞的に働き，同時性・手段・理由・仮定・対立などを表す

- 同時性　　Mon père lit le journal en mangeant.
- 手段　　En surfant* sur Internet, on peut avoir beaucoup d'informations.
　　　　　　　　　　*surfer sur Internet ネットサーフィンをする
- 理由　　En étant très pressé, j'ai oublié mon portefeuille à la maison.
- 仮定　　En travaillant plus, tu pourras réussir ton examen.
- 対立　　Tout en étant malade, elle a participé à la réunion.

確認 🎧 1-61　faire (fait)

je	fais	nous	faisons
tu	fais	vous	faites
il	fait	ils	font
elle	fait	elles	font

3. 使役動詞と知覚動詞

1) **使役動詞 faire と laisser**

　　主語 ＋ **faire / laisser** ＋ 動詞の原形 ＋ 動詞の動作主

　　Le père fait travailler ses enfants.
　　La mère laisse jouer ses enfants.

　* laisser に自動詞が続く場合は［動詞の動作主＋動詞の原形］でもよい
　　　　La mère laisse ses enfants jouer.

確認 🎧 1-62　laisser (laissé)

je	laisse	nous	laissons
tu	laisses	vous	laissez
il	laisse	ils	laissent
elle	laisse	elles	laissent

2) **知覚動詞**

　　主語 ＋ 知覚動詞 ＋ 動詞の動作主 ＋ 動詞の原形

　　J'entends le téléphone sonner.
　　Je vois un oiseau voler.

　* 知覚動詞に自動詞が続く場合は［動詞の原形＋動詞の動作主］でもよい
　　　　J'entends sonner le téléphone.

確認 知覚動詞

以下の動詞の意味を書いてみよう

- regarder
- voir
- écouter
- entendre
- sentir

Leçon 5

Carcassonne

Exercices

1 ( )に適切な番号を①～③から選びましょう

1) Nous cherchons un étudiant ( ) français.　　① parle　　② parlant　　③ parlons
2) Le train de 8h45 ( ) complet, il a pris celui de 9h.　　① étant　　② ayant　　③ est
3) Ne parle pas en ( ) !　　① mangeons　　② mangeant　　③ mangant
4) Il s'est cassé la jambe en ( ) du ski.　　① fait　　② faisons　　③ faisant
5) Tout en ( ) la vérité, il n'a rien dit.　　① sachant　　② savons　　③ savent

2 ( )内の動詞を適切な形にしてみましょう

1) Sébastien se promenait souvent en (chanter).
2) En (prendre) l'avion, vous pouvez aller plus vite.
3) En (finir) ses devoirs, Éric a regardé la télé.
4) En (chercher), on trouve.
5) Tout en (être) riche, il est malheureux.

3 **2** のフランス語の文を日本語に訳してみましょう

1)
2)
3)
4)
5)

Travaux Pratiques

1 フランス語の文をよく聴いて，書いてみましょう　🎧 1-63

1) Les parents ( ) ( ) ( ) les enfants.
2) Ils ( ) ( ) ( ) les enfants.
3) Je vais ( ) ( ) Émilie.
4) J'ai ( ) sa voix ( ).

2 フランス語の文をよく聴いて，書いてみましょう　🎧 1-64

1) ( ) ( ), ( ) ( ) ( ) un beau paysage.
2) Elle a pleuré ( ) ( ) ( ) ( ).

Leçon 6

La Côte d'Azur

コート・ダジュール "紺碧の海岸"

Photos du Voyage

9日目 Marseille 《🚆 12h31》 ➡ Nice 《15h06》

Basilique Notre-Dame de la Garde

Vieux-Port

À l'hôtel　　　🎧 2-01

- あなた： Est-ce que vous avez une chambre libre pour ce soir ?
- 受付： Oui, nous avons une chambre avec une belle vue.
- あなた： Quel est le prix de la chambre ?
- 受付： 250 euros.
- あなた： C'est trop cher pour moi.
- 受付： C'est la chambre la plus chère de notre hôtel.
- あなた： Vous avez une chambre moins chère avec toilettes et salle de bains ?
- 受付： Non, c'est complet.

10日目 Nice ➡ Cannes ➡ Nice

Gare de Nice-Ville

Promenade des Anglais

Hôtel Negresco

Vocabulaire 1　形容詞　🎧 2-02

grand(e)	大きい	petit(e)	小さい
lourd(e)	重い	léger(ère)	軽い
large	広い	étroit(e)	狭い
gros(se)	太った	maigre	痩せた
pauvre	貧乏な	riche	裕福な
intéressant(e)	興味深い	ennuyeux(euse)	退屈な
gentil(le)	親切な	méchant(e)	意地悪な
sérieux(euse)	まじめな	paresseux(euse)	怠惰な
élégant(e)	上品な	timide	内気な
actif(ve)	活発な	sportif(ve)	スポーツ好きの
heureux(euse)	幸せな	content(e)	満足な
gai(e)	陽気な	bavard(e)	おしゃべりな
fort(e)	強い	malade	病気の
agréable	心地よい	confortable	快適な
pratique	便利な	compliqué(e)	複雑な
cher(ère)	高価な	économique	経済的な
rapide	速い	lent(e)	遅い

Vocabulaire 2　乗り物　🎧 2-03

la voiture	車
le train	列車
le métro	地下鉄
le taxi	タクシー
le bus	バス
l'avion (m)	飛行機
le bateau	船
le camion	トラック
la moto	バイク
le vélo	自転車

Vocabulaire 3　副詞　🎧 2-04

tôt	早く
tard	遅く
vite	速く
lentement	ゆっくりと

言ってみよう　Vocabulaire 1〜3 を使う

L'avion est **plus** .... **que** le train.
La voiture est **aussi** .... **que** le camion.
Le vélo est **moins** .... **que** la moto.

Paul est **le plus** .... **de** la classe.
Léa est **la moins** .... **de** la famille.

🎧 2-05
読んでみよう

　Pour déjeuner, elle est allée dans un <u>des meilleurs</u> restaurants <u>de</u> Marseille. Elle a dégusté de la bouillabaisse. C'est le plat provençal <u>le plus apprécié</u>. C'est une soupe faite avec <u>plus de</u> quatre sortes de poissons.

🇫🇷 Civilisation

プロヴァンス

マルセイユ

- **ノートルダム・ド・ラ・ギャルド・バジリカ聖堂**　ローマ・ビザンチン様式の聖堂．高台にあり，街のどこからでもよく見える．この聖堂前からの眺める地中海の眺めはすばらしい．内部には，航海の安全を祈願する船の模型などもある．
- **ヨーロッパ地中海文明博物館 (MuCEM)**　2013 年にマルセイユが欧州文化首都に選定されたことを機に開館．地中海世界の歴史や文化，多民族の交流をテーマとしている．
- **名物料理**　「ブイヤベース」は魚介にタマネギやニンニク，トマトなどを加え，サフランやローリエなどで香味をつけながら白ワインで煮る鍋料理．

コート・ダジュール

ニース

- **プロムナード・デザングレ**　海岸沿いにある全長 3.5km の大通り．1820 年に在留イギリス人の出資により造成．そのため，「イギリス人の散歩道」と名付けられた．1913 年創業のホテル「ネグレスコ」など，高級ホテルや邸宅が建ち並ぶ．
- **美術館**　マセナ美術館／マティス美術館／シャガール美術館／ニース近代美術館／ニース美術館

カンヌ

- **クロワゼット大通り**　海岸通りには高級ホテルが建ち並び，海側はビーチが続く．だが，ほぼホテル所有のプライベートビーチ．ただし，入場料を払えば利用できる．
- **名産品・料理**　古くから花やハーブの生産地だったコート・ダジュールは，様々な香りの石鹸やポプリなどが豊富に揃う．ラベンダーのポプリはお土産に最適．料理では，ハーブやオリーブオイルをたっぷり使った"ニース風サラダ"が定番．

Grammaire

1. 比較級

1) 形容詞・副詞の比較級

plus		**que** …（優等）
aussi ＋ 形容詞 または 副詞 ＋	**que** …（同等）
moins		**que** …（劣等）

Ce pantalon est plus cher que cette jupe.
Cette cravate aussi chère que cette ceinture.
Ces gants sont moins chers que ces chaussures.

Lionel court plus vite que Chloé.
Sylvain court aussi vite que Chloé.
Sylvain court moins vite que Lionel.

＊ que 以下が代名詞のときは強勢形を用いる　Thomas nage plus vite que **moi**.
　　　　　　　　　　　　　　　　　　　　Thomas nage moins vite qu'**elle**. （que はエリジィオンに注意）

2) 数量の比較

	plus que …（優等）
主語 ＋ 動詞 ＋	**autant que** …（同等）
	moins que …（劣等）

	plus de		**que** …（優等）
主語 ＋ 動詞 ＋	**autant de**	＋ 名詞 ＋	**que** …（同等）
	moins de		**que** …（劣等）

Thomas gagne beaucoup.
Thomas gagne plus que Paul.
Jean gagne autant que Paul.
Paul gagne moins que Thomas.

Thomas mange des pommes.
Thomas mange plus de pommes que Paul.
Jean mange autant de jambon que Paul.
Paul mange moins de fraises que Thomas.

2. 最上級

1) 形容詞・副詞の最上級

[le / la / les] ＋	**plus** / **moins**	＋ 形容詞 ＋ **de** …

le ＋	**plus** / **moins**	＋ 副詞 ＋ **de** …

注意 副詞の最上級では常に le

Paul est le plus grand de la famille.
Sophie est la moins grande de la famille.

Pierre court le plus vite de la classe.
Anne court le moins vite de la classe.

＊最上級は強調構文で用いられることが多い　C'est Dumas qui nage le plus vite.

2) 数量の最上級

主語 ＋ 動詞 ＋ le ＋	**plus** / **moins**	＋ **de** …

le ＋	**plus de** / **moins de**	＋ 名詞 ＋ **de** …

Max travaille le plus des quatre frères.
Alex travaille le moins des quatre frères.

Léa vend le plus de voitures de notre société.
Julie vend le moins de voitures de notre société.

3. 特殊な比較級と最上級

	比較級	最上級
形容詞 bon(ne)(s)	~~plus bon(ne)(s)~~ → **meilleur(e)(s)** aussi bon(ne)(s) moins bon(ne)(s)	[le / la / les] **meilleur(e)(s)** [le / la / les] moins bon(ne)(s)
副詞 bien	~~plus bien~~ → **mieux** aussi bien moins bien	le **mieux** le moins bien

Ce vin-ci est meilleur que ce vin-là.
Ce pain-ci est moins bon que ce pain-là.
Sophie chante mieux que Paul.
Paul dessine aussi bien que François.

Cette glace est la meilleure de Paris.
Ce restaurant est le moins bon de la ville.
Lisa parle le mieux anglais de la classe.
Gaspard danse le moins bien de la classe.

Leçon 6

La Côte d'Azur

Exercices

1 （　）に適切な番号を①～③から選びましょう

1) Janvier est (　　　) long que juin.　　　① plus　② aussi　③ moins

2) Le bateau est (　　　) rapide que l'avion.　　　① plus　② aussi　③ moins

3) Marie parle (　　　) que Léa.　　　① aussi　② autant　③ comme

4) Manon prend (　　　) gâteaux que Michel.　　　① autant　② plus　③ plus de

2 日本語の文に合うように，下線部に適切な語を入れ，文を完成させましょう

1) エレーヌは私たち4人の中で最も若いです　　Hélène est ＿＿＿＿ jeune ＿＿＿＿ nous quatre.

2) 彼女はクラスの中で最も速く走ります　　Elle court ＿＿＿＿＿＿＿＿ la classe.

3) ノエミは最も多くのピザを食べました　　Noémi a mangé ＿＿＿＿＿＿＿＿ pizza.

4) レアは同僚の中で最も多く働きます　　Léa travaille ＿＿＿＿＿＿＿＿ ses collègues.

3 日本語の文に合うように，下線部に比較級または最上級を入れ，文を完成させましょう

1) Ce restaurant-ci est ＿＿＿＿＿＿＿＿ que celui-là.
　このレストランはあちらよりもおいしい

2) La cuisine japonaise est ＿＿＿＿＿＿＿＿ que la cuisine française.
　日本料理はフランス料理と同じくらいおいしい

3) Il a eu ＿＿＿＿＿＿＿＿ résultats du groupe.
　彼はグループの中で最もよい成績を得た

4) Thomas cuisine ＿＿＿＿＿＿＿＿ de la famille.
　トマは家族の中で最も上手に料理をする

5) Elle danse ＿＿＿＿＿＿＿＿ de la classe.
　彼女はクラスの中で最もダンスをするのが下手だ

Travaux Pratiques

1 フランス語の文をよく聴いて，ふさわしい答えを選びましょう　🎧 2-06

1) (　　) ① Le mont Blanc (4 810 m)　② Le mont Fuji (3 776 m)

2) (　　) ① La tour Eiffel (324 m)　② La Tokyo Skytree (634 m)

3) (　　) ① Marseille (850 000 habitants)　② Nice (350 000 habitants)

2 フランス語の文をよく聴いて，書いてみましょう　🎧 2-07

1) C'est mon père (　　　)(　　　)(　　　)(　　　)(　　　) la famille.

2) C'est Sophie (　　　)(　　　)(　　　)(　　　)(　　　) la classe.

Leçon 7

La Provence

現地発のバスツアーも利用して効率よく観光してみよう

Photos du Voyage

11日目 Nice 🚌 ➡ Tourrettes-sur-Loup ➡ Cannes ➡ Aix-en-Provence ➡ Arles

(64ページの「補足：地図（プロヴァンス）」参照)

		ニース発　南仏コート・ダジュールとプロヴァンス2日間（バスツアー）
1日目	07:50	ホテル B4 パークに集合 出発場所にてご自身のお名前を係員にお申し出ください．バウチャーは不要です．出発時間には余裕を持ってお越しください．
	08:00	一路，トゥーレット・シュル・ルーへ向け出発
	08:45 頃	スミレの村として有名な "鷹の巣村" トゥーレット・シュル・ルーを訪れます
	10:15 頃	カンヌを散策（クロワゼット大通り，パレ・デ・フェスティバル・エ・デ・コングレ，旧港）
	11:00 頃	一路，エクサンプロヴァンスへ向け出発
	13:30 頃	到着後，ご昼食をお召し上がり頂きます
	14:30 頃	エクサンプロヴァンス市内観光（サン・ソヴール大聖堂，ミラボー通り）
	16:00 頃	一路，アルルへ向け出発
	18:00 頃	ホテル到着 　　　　　　　　　朝：× / 昼：○ / 夜：× 〈アルル泊〉
2日目	09:00	出発後，アルル市内観光（円形闘技場，ゴッホの跳ね橋，フォーラム広場，ドーデの風車小屋）
	10:30 頃	一路，レ・ボー・ドゥ・プロヴァンスへ向け出発
	11:00 頃	レ・ボー・ドゥ・プロヴァンスを散策，その後，ポン・デュ・ガールへ
	12:30 頃	ポン・デュ・ガールが見えるレストランにて昼食
		昼食後，"壮大なローマの水道橋" ポン・デュ・ガールを観光
	14:30 頃	一路，"法王庁のお膝元" アヴィニョンへ
	15:15 頃	城壁に囲まれた中世都市，世界遺産アヴィニョンを観光（法王庁宮殿，サン・ベネゼ橋）
	16:30 頃	市内中心部で解散（ご希望の方は TGV 駅まで送迎いたします） 　　　　　　　　　　　　　　　　　　　　　　　朝：○ / 昼：○ / 夜：×

Tourrettes-sur-Loup

Aix-en-Provence

Arles, monuments romains et romans (👑 1981)

Amphithéâtre

Pont Van Gogh

12日目 Arles 🚌 ➡ Les Baux-de-Provence ➡ Nîmes [Pont du Gard] ➡ Avignon

Avignon 《TGV 17h51》 ➡ Lyon 《18h54》

Les Baux-de-Provence

Moulin de Daudet

Pont du Gard (👑 1985)

Pont Saint-Bénézet

Palais des Papes

言ってみよう ❶ Vocabulaire を使う

● 今日の午後、あなたは _____ に行きますか？

Vous allez { à la ___ / à l' ___ / au café / aux ___ } cet après-midi ?

— Oui, j'y vais.
— Non, je n'y vais pas.

言ってみよう ❷ (　) の語を使う

● 君は _____ を持ってる (〜がいる・〜を飼ってる) ?
(des stylos, des gommes, des frères, des sœurs, des chiens, des chats)

Tu as _____ ?
— Oui, j'en ai (un / une / deux ... / beaucoup).
— Non, je n'en ai pas.

● 冷蔵庫の中に _____ がある？
(du lait, du beurre, de la confiture, de l'eau, des œufs)

Est-ce qu'il y a _____ dans le frigo ?
— Oui, il y en a.
— Oui, il y en a (un peu / beaucoup).
— Non, il n'y en a pas.

Vocabulaire 公共の建物や店 🎧 2-08

la bibliothèque	図書館
la piscine	プール
la librairie	本屋
la pharmacie	薬局
la boutique	ブティック(店)
la boulangerie	パン屋
la pâtisserie	お菓子屋
l'épicerie (f)	食料品店
l'école (f)	学校
l'église (f)	教会
l'hôpital (m)	病院
l'université (f)	大学
l'usine (f)	工場
le théâtre	劇場
le cinéma	映画館
le musée	美術館 (博物館)
le commissariat de police	警察
le bureau	事務所
le magasin	店
le grand magasin	デパート
le marché	市場 (マルシェ)

読んでみよう 🎧 2-09

En Provence, il y a beaucoup de sites historiques. Yuki **en** a visité plusieurs. À Nîmes, elle a visité le Pont du Gard. Vous **l**'avez déjà vu dans le manuel d'histoire, n'est-ce pas ? On peut **le** traverser à pied. En été, il y a des gens qui nagent dans la rivière sous le pont. Vous **le** savez ? À Avignon, elle est allée au Pont Saint-Bénézet. Il y a les paroles « Sur le Pont d'Avignon, on **y** danse, on **y** danse... » dans une chanson très connue à propos de ce pont.

🇫🇷 Civilisation

トゥーレット・シュル・ルー
中世の面影が色濃く残る街．古くから温暖な気候を生かしたスミレの栽培が盛んで，"スミレの村" の異名をもつ．毎年3月には「スミレ祭」が開催される．スミレのジャム，紅茶，お菓子などが売られている．

エクサンプロヴァンス
紀元前より湧水の出る "泉の街" として知られる．現在も100以上の泉や噴水がある．
セザンヌのアトリエ　1902-1906年まで印象派の画家セザンヌが晩年を過ごした場所．アトリエはセザンヌの設計．当時のまま保存されている．

アルル
アルル, ローマ遺跡とロマネスク教会　円形闘技場 (ローマ植民地時代の紀元前90年に建設．収容人数2万人．直径136m)，古代劇場，サン・トロフィーム教会 (11世紀に建設．プロヴァンス地方におけるロマネスク様式の傑作)，古代フォーロム地下回廊，コンスタンティヌス共同浴場などアルルには数多くの遺跡が残る．画家ゴッホが描いた広場やカフェ，跳ね橋 (ヴァン・ゴッホ橋) をめぐるのも面白い．

レ・ボー・ドゥ・プロヴァンス
「フランスの最も美しい村」の一つ．村は高い岩地の上にあり，中世とルネッサンス期の建物が残されている．レ・ボー・ドゥ・プロヴァンスという表示は高品質の代名詞でもあり，ワインやオリーブオイルなど味わってみるのもいい．

ニーム
ポン・デュ・ガール　ローマ期に造られた最大の水道橋．紀元前50年頃，ユゼスの水源からニームへ約50kmの導水路として建設され，600年以上の間，この橋を使って飲料水が運ばれた．長さ275m，高さ48m．ローマ人の建築技術のレベルの高さを物語る．
ドーデの風車　作家ドーデの『風車小屋だより』(1866) ゆかりの地．

アヴィニョン
法王庁　14世紀に9人の教皇が君臨したアヴィニョンの法王庁は，城塞様式の威厳ある宮殿で，この地の輝かしい過去を今に伝える建造物である．
サン・ベネゼ橋　サン・ベネゼ橋 (アヴィニョン橋) は，もともと全長920m，22連の巨大なアーチ橋だったが，川の増水などで何度も倒壊を繰り返し，17世紀以降は放置されて現在に至る．橋にまつわる「羊飼い聖ベネゼ」の伝説は有名．「アヴィニョンの橋の上で」の歌は19世紀中頃に作られた．

Grammaire

1. 中性代名詞 代わる名詞の性数に関係なく用いられる代名詞   〔注意〕中性代名詞の位置：原則，動詞の前に置く

1) **y**
   - 〈場所を表す前置詞＋場所名〉 Vous allez à l'université aujourd'hui ? — Oui, j'y vais.
   - 〈à ＋もの〉 Il pense à son avenir ? — Non, il n'y pense pas du tout.
   * 否定文の場合：「中性代名詞＋動詞」を ne と pas ではさむ

2) **en**
   - 〈場所を表す前置詞 de ＋場所名〉 Elle vient de Cannes ? — Oui, elle en vient.
   - 〈de ＋ものを表す名詞〉 Vous avez parlé de cet accident ? — Non, nous n'en avons pas parlé.
   * 複合過去の場合：中性代名詞は助動詞の前に置く
   - 不定冠詞または部分冠詞，数詞，数量副詞を伴う直接目的補語に代わる
     ① 〈不定冠詞または部分冠詞＋名詞〉
        Vous avez des pommes ? — Oui, j'en ai.
        Tu as de l'argent ? — Oui, j'en ai.
           — Non, je n'en ai pas.
        〔確認〕〈否定の de (d') ＋名詞〉
        Je n'ai pas d'argent. → Je n'en ai pas.
     ② 数詞＋〈名詞〉
        Combien d'enfants a-t-elle ? — Elle en a deux.
        Tu as des sœurs ? — J'en ai une.
     ③ 数量副詞＋〈de ＋名詞〉
        Elle a beaucoup d'amis ? — Oui, elle en a beaucoup.

3) **le (l')**
   - 〈属詞〉 Elles sont françaises ? — Oui, elles le sont.
   - 〈動詞の原形〉 Tu peux venir demain ? — Oui, je le peux.
   - 〈節または文〉 Est-ce que vous savez qu'elle est mariée ? — Non, je ne le sais pas.

〔注意〕肯定命令文の場合
y と en は動詞の後に置く
Allez à l'université ! → Allez-y !
Apportez du café. → Apportez-en.

〔注意〕-er 動詞と aller の命令形は，tu の活用語尾の s をとるが，動詞の後が y と en の場合では tu の活用語尾の s は復活する
Va à l'université ! → Vas-y !
Apporte du café. → Apportes-en.

2. 代名詞の語順 目的補語人称代名詞や中性代名詞を併用する場合の語順

| 主語 | ne (n') | me (m') / te (t') / nous / vous | le (l') / la (l') / les | lui / leur | y | en | 動詞 | pas | 過去分詞 |

Il vous prête son parapluie ? — Oui, il me le prête. — Non, il ne me le prête pas.
Vous lui parlez de mon mariage ? — Oui, je lui en parle. — Non, je ne lui en parle pas.

〔例外〕肯定命令文では，目的補語人称代名詞や en は動詞の後ろに置き，ハイフン（－）で結ぶ

| 動詞 － | le / la / les | － | moi (m') / toi (t') / lui / nous / vous / leur | en |

〔注意〕複合過去：Vous lui avez parlé de mon mariage ?
— Oui, je lui en ai parlé. — Non, je ne lui en ai pas parlé.

Prêtez ce parapluie à Juliette ! → Prêtez-le-lui !
Prêtez-moi ce parapluie ! → Prêtez-le-moi !

〔注意〕代名動詞の場合：Tu te dépêches. → Dépêche-toi.
否定命令では代名詞は動詞の前に置く：N'en parlons pas !

〔確認〕主語人称代名詞と目的補語人称代名詞

主語	je	tu	il	elle
直接目的	me (m')	te (t')	le (l')	la (l')
間接目的	me (m')	te (t')	lui	lui
主語	nous	vous	ils	elle
直接目的	nous	vous	les	les
間接目的	nous	vous	leur	leur

〔注意〕近接未来や近接過去，devoir や pouvoir などの場合「動詞の原形」の前に置く
Je vais chercher Paul. → Je vais le chercher.
Je viens de chercher Paul. → Je viens de le chercher.
Je dois chercher Paul. → Je dois le chercher.
Je peux vous aider.
Voulez-vous le lui dire ?

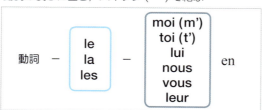

Exercices

1 次の文の下線部を，中性代名詞に換えて，（ ）に入れましょう

1) Il est <u>dans sa chambre</u>. → Il (   ) est.
2) Nous sommes contents <u>de ce résultat</u>. → Nous (   ) sommes contents.
3) Je sais <u>qu'elle est partie</u>. → Je (   ) sais.
4) Elles vont acheter <u>des pommes</u>. → Elles vont (   ) acheter.
5) Elles ont acheté <u>du fromage</u>. → Elles (   ) ont acheté.

2 y か en を使って，応答文を完成させましょう

1) Elle va chez le médecin ? — Oui, _____.
2) Tu viens d'Arles ? — Non, _____.
3) Il est fier de ces résultats ? — Non, _____.
4) Ils viennent d'aller à la gare ? — Oui, _____.
5) Vous êtes venus d'Avignon en bus ? — Oui, _____.

3 （　）内の語を並べ替え，応答文を完成させましょう

1) Paul boit de la bière ? — Oui, _____. (en, il, boit)
2) Est-ce qu'ils sont étudiants ? — Non, _____. (sont, pas, le, ne, ils)
3) N'est-elle pas dans sa maison ? — Non, _____. (pas, y, elle, n', est)
4) Combien de personnes y a-t-il dans ce bus ? — _____. (en, a, il, cinq, y)
5) Vous êtes venu de la gare ? — Non, je _____. (pas, en, suis, n', venu)

4 次の文の下線部を，代名詞に換えて，（ ）に入れましょう

1) Elle prête <u>son parapluie</u> <u>à Éric</u>. → Elle (   ) (   ) prête.
2) Ne parlez pas <u>de cela</u> <u>à mes parents</u> ! → Ne (   ) (   ) parlez pas !
3) Je n'envoie pas <u>de lettre</u> <u>à Paul et Sophie</u>. → Je ne (   ) (   ) envoie pas.
4) Donnez-<u>moi</u> <u>cet habit</u> ! → Donnez- (   )-(   ) !
5) Je dépose <u>mes valises</u> <u>à l'hôtel</u>. → Je (   ) (   ) dépose.

5 次の文の下線部を，代名詞に換えて，書き直しましょう

1) Vous pouvez montrer <u>cette photo</u> <u>à mon père</u> ? → _____
2) Il vient d'acheter beaucoup <u>de souvenirs</u> <u>sur cette avenue</u>. → _____
3) Elle a parlé <u>de son passé</u> <u>à Léo</u>. → _____
4) Je n'ai pas montré <u>le livre</u> <u>à mes amis</u>. → _____

Travaux Pratiques

1 フランス語の文をよく聴いて，書いてみましょう　2-10

1) — Oui, je (   ) (   ).
2) — Oui, j' (   ) ai (   ).
3) — Il (   ) (   ) a 35.
4) — Non, il n' (   ) (   ) pas.

2 フランス語の文をよく聴いて，（ ）に代名詞を入れましょう　2-11

1) Oui, je (   ) (   ) vends.
2) Non, je ne (   ) présente pas à (   ) parents.
3) Oui, il (   ) (   ) attend.
4) Non, je ne (   ) (   ) ai pas parlé.

Leçon 8

Lyon

歴史地区を歩く・美食の都で楽しむ

13日目 Lyon

Lyon 《TGV 18h04》 ➡ Dijon 《19h38》

Site historique de Lyon (👑 1998)

Basilique Notre-Dame de Fourvière

Théâtres Romains et Musée gallo-romain

Musée Lumière

À l'office de tourisme　🎧 2-12

- あなた：Est-ce que le Musée gallo-romain est ouvert ?
- 担当者：Non, le musée est fermé le lundi.
- あなた：Est-ce qu'il y a des musées qu'on peut visiter aujourd'hui ?
- 担当者：Oui, le Musée Miniature et Cinéma est ouvert.
- あなた：Est-ce qu'il y a une réduction pour les étudiants ?
- 担当者：Oui, normalement pour les étudiants qui ont moins de 25 ans.

Musée Miniature et Cinéma

言ってみよう　Expressions を使う　🎧 2-13

- Je lui téléphone ＿＿＿＿＿＿＿＿＿＿．
- Elle m'a téléphoné ＿＿＿＿＿＿＿＿＿．
- Il travaille ＿＿＿＿＿＿＿＿＿＿．
- Nous nous voyons ＿＿＿＿＿＿＿＿＿．

Je lui téléphone tous les jours.

Expressions　tout を使った表現

tous les matins	毎朝
tous les soirs	毎晩
tous les jours	毎日
toutes les semaines	毎週
toute la semaine	1週間ずっと
toute la matinée	午前中ずっと
toute la journée	1日中
toute la nuit	1晩中
tous les deux jours	2日ごとに
tous les après-midi	毎日午後
tous les mardis	毎週火曜日
toutes les heures	1時間ごとに
toutes les trois heures	3時間おきに
tout à coup	突然
tout de suite	すぐに
tout à l'heure	まもなく，さっき
tout le temps	いつも，ずっと

読んでみよう　🎧 2-14

À Lyon, il y a beaucoup de restaurants où Yuki veut aller. C'est une ville dont la cuisine est très appréciée et n'est pas très chère. Dans le quartier du Vieux Lyon, elle a dégusté de la salade lyonnaise et du gratin dauphinois dans un « bouchon lyonnais » qu'elle avait trouvé dans le guide touristique. C'était vraiment délicieux. Lyon est une ville historique aussi. Saint-Exupéry qui a écrit *Le Petit Prince* y est né, et les Frères Lumière y ont inventé le cinéma.

Civilisation

リヨン

リヨン歴史地区　旧市街と呼ばれる古い街並みはユネスコ世界遺産に登録された．

旧市街　12〜15世紀にかけて造られたサン・ジャン教会の付近が旧市街．車が通れないような細い道が多く，建物の回廊や中庭を伝って他の道へ抜ける「トラブール」（抜け道）が張り巡らされている．これはリヨン独特のもので，もともとは織物業者が品物を雨に濡らさないよう工夫したものだった．

フルヴィエール大聖堂とフルヴィエールの丘　紀元前43年，シーザーの元副官がこの丘に街を築いたのがリヨンの始まりである．丘の上の展望台からは街を一望することができ，旧市街からはケーブルカーで昇ることもできる．丘の中腹にはローマ劇場，さらに，1872年にリヨン市民の寄付で建てられたフルヴィエール教会があり，この街のシンボルとなっている．金色に輝く聖母マリア像が美しい．

装飾博物館　16〜18世紀の家具や調度類，宝飾品，タペストリー，陶器などを展示している．

織物博物館　リヨンで生まれた豊かな絹織物の作品と絹織物産業の歴史を紹介する博物館．

リヨン美術館　ドラクロワ，モネ，ルノワール，ロダン，藤田嗣治などの絵画を所蔵．

印刷博物館　リヨンの初期の印刷所の様子や，木版から活版など，印刷技術の歴史をたどることができる．

ミニチュアと映画博物館　世界中から集めたミニチュアアーティストの作品を展示している．その他に，映画のセットや小道具の展示コーナーもあり，例えば，映画『パフューム』（2006年）のオリジナルセットは見応えがある．

リュミエール兄弟博物館とリヨン　リュミエール兄弟はリヨン出身で，世界初の実写映画撮影を行った事から，リヨンは映画発祥の地と言われている．

Grammaire

1. 関係代名詞 (1)

1) **qui**：先行詞が**関係詞節の主語**となる　　　　　　　　　先行詞は「人」および「もの」

   J'ai **une amie** qui habite à Lyon.　　　　　　　← J'ai une amie. Elle habite à Lyon.
   La fille qui danse avec Mathieu est ma sœur.　← La fille est ma sœur. Elle danse avec Mathieu.

2) **que (qu')**：先行詞が**関係詞節の直接目的補語**となる　　先行詞は「人」および「もの」

   Je préfère mettre **cette jupe** que tu aimes.　　　← Je préfère mettre cette jupe. Tu aimes cette jupe.
   Le garçon qu'elle cherche est déjà rentré.　　　← Le garçon est déjà rentré. Elle cherche ce garçon.

3) **dont**：先行詞が関係詞節の中で，〈**de＋名詞**〉の働きをする　先行詞は「人」および「もの」

   C'est **le film** dont on parle beaucoup.　　　　　← C'est le film. On parle beaucoup **de** ce film.
   Elle a **un ami** dont la tante travaille à Lyon.　← Elle a un ami. Sa tante travaille à Lyon.
   　　　　　　　　　　　　　　　　　　　　　　　　　　　(= la tante **de** cet ami)

4) **où**：先行詞が関係詞節の中で**時や場所を表す状況補語**となる　先行詞は「時・場所を表す語」

   Voilà **la maison** où elle est née.　　　　　　　← Voilà la maison. Elle est née dans cette maison.
   C'est **le jour** où il est parti pour Dijon.　　　← C'est le jour. Il est parti pour Dijon ce jour-là.

2. 過去分詞の性・数一致

1) 主語の性・数に一致する場合

   ① 複合時制で助動詞に être を用いる場合
      Elle est allé**e** en Suisse.

   ② 受動態の場合
      Elles sont invité**es** par Paul.

2) 複合時制で直接目的補語が過去分詞よりも前に置かれる場合

   ① 複合時制で直接目的補語人称代名詞を用いるとき
      Tu as vu **Chloé** ? — Oui, je **l'**ai vu**e** avant-hier.

   ② 複合時制で代名動詞の **se** が直接目的補語のとき
      Ce matin, elle **s'**est levé**e** à neuf heures.

   ③ 複合時制で関係代名詞 **que** を用いるとき
      Voici **les sacs** que j'ai acheté**s** en France.

   ④ 複合時制で直接目的補語が文頭に置かれる疑問文のとき
      Combien de livres as-tu acheté**s** le mois dernier ? — J'en ai acheté trois.

   ＊ただし，combien de ＋ 名詞が過去分詞の後ろに置かれる場合，性・数一致しない
      Tu as acheté combien de livres le mois dernier ? — J'en ai acheté trois.

3. tout の用法

男性単数	男性複数	女性単数	女性複数
tout	tous	toute	toutes

🎧 2-15

1) 形容詞　　tout le monde　　　　　　tous les jours
　　　　　　toute la famille　　　　　toutes les familles
　　　　　　tous les trois jours　　　toutes les cinq minutes

2) 代名詞　　Tout va bien.　　　　　　Ils sont tous étudiants.　＊代名詞の場合，tous の s は発音する

3) 副詞　　　Il est encore tout petit.　C'est tout près !

4) 熟語　　　tout de suite　　　　　　pas du tout
　　　　　　tout à fait　　　　　　　tout à coup

Exercices

1 （　）に関係代名詞を入れてみましょう

1) J'ai un fils (　　　　　) parle bien français.
2) C'est l'université (　　　　　) Pascal a fait ses études de droit.
3) Voilà le vélo (　　　　　) je viens d'acheter.
4) Il a une amie (　　　　　) la sœur travaille en France.
5) C'est le jour (　　　　　) je suis sorti avec Pauline.
6) Voilà un smartphone (　　　　　) vient de sortir.
7) Voici le collège (　　　　　) il était directeur.
8) La chanteuse (　　　　　) il aime beaucoup est née en Allemagne.

2 関係代名詞を使って，一つの文にしてみましょう

1) C'est la musique.
   Je t'ai parlé de cette musique.
2) Le chapeau te va très bien.
   Tu as acheté ce chapeau à Avignon.
3) Il fait trop froid dans la chambre.
   Nous dormons dans cette chambre.
4) Je ne connais pas la dame.
   Elle parle à Juliette.
5) Elle a perdu le sac.
   Elle a besoin de ce sac.

3 [　]内の動詞を複合過去にして，文を完成させましょう

1) C'est l'année où elle (　　　　　) (　　　　　).　　　[mourir]
2) Combien de livres (　　　　　)-elles (　　　　　) ?　　　[lire]
3) Elles (　　　　　) (　　　　　) sans parapluie.　　　[sortir]
4) Elle (　　　　　) (　　　　　) les mains.　　　[se laver]
5) Les femmes que tu (　　　　　) (　　　　　) hier sont mes cousines.　　　[voir]

4 （　）に適切な番号を①〜④から選びましょう

1) Ils m'ont dit (　　　　　) la vérité.　　　① tout　② tous　③ toute　④ toutes
2) Ma grand-mère sait (　　　　　).　　　① tout　② tous　③ toute　④ toutes
3) De (　　　　　) façon, envoyez-moi quelqu'un.　　　① tout　② tous　③ toute　④ toutes
4) Ils amènent leur bento à l'université (　　　　　) les jours.　　　① tout　② tous　③ toute　④ toutes

Travaux Pratiques

1 フランス語の文をよく聴いて，書いてみましょう　2-16

1) Le (　　　) (　　　) (　　　) (　　　) est très intéressant.
2) Voilà la (　　　) (　　　) (　　　) (　　　) nés.
3) (　　　) (　　　) (　　　) (　　　) à la banque est Hélène.
4) Ce n'est pas le livre (　　　) (　　　) (　　　) (　　　).

2 フランス語の文をよく聴いて，書いてみましょう　2-17

1) Ce matin, elles (　　　) (　　　) (　　　) la Belgique.
2) Voilà cette chemise (　　　) (　　　) (　　　) hier.
3) Quelles fleurs (　　　)-(　　　) (　　　) à Sophie ?
4) La tarte qu' (　　　) (　　　) (　　　) est délicieuse.

Leçon 9

Dijon

ディジョンの街では"フクロウ"をたどる！

Photos du Voyage　**14日目** Dijon ➡ Beaune ➡ Dijon
（ディジョン⇔ボーヌ：🚆約20分）

Palais des Ducs et des États de Bourgogne

Au magasin　🎧 2-18

あなた： Bonjour, je ne sais pas quelle moutarde choisir.
係員： Voulez-vous en goûter quelques-unes ?
あなた： Oui, avec plaisir !
係員： Laquelle préférez-vous ?
あなた： Je préfère celle dans laquelle il y a de la framboise.

Église Notre-Dame

Puits de Moïse

Musée de la Vie Bourguignonne　Parcours de la Chouette

Beaune

Hôtel Dieu

Musée du Vin de Bourgogne

Marché aux Vins

言ってみよう ❶ Vocabulaire 1 を使う

●あなた（君）は，これらの＿＿＿のうちで，どちらの方が好きですか？

Lequel de ces ＿＿＿ **préférez-vous ?**
Laquelle de ces ＿＿＿ **préfères-tu ?**

　Lequel de ces chapeaux préférez-vous ?
　Laquelle de ces jupes préfères-tu ?

Vocabulaire 1　身につけるもの

le chapeau	帽子
le costume	スーツ
le foulard	スカーフ
le pull	セーター
la ceinture	ベルト
la chemise	ワイシャツ
la jupe	スカート
la robe	ワンピース
la veste	ジャケット

言ってみよう ❷ Vocabulaire 2 を使う

●それ（それら）は，君の＿＿＿ですか？　はい，私のものです．

C'est ton ＿＿＿ ?　Oui, c'est le mien.
C'est ta ＿＿＿ ?　Oui, c'est la mienne.
Ce sont tes ＿＿＿ ?　Oui, ce sont les miens.
Ce sont tes ＿＿＿ ?　Oui, ce sont les miennes.

　C'est ton cahier ?　Oui, c'est le mien.

Vocabulaire 2　持ちもの

le cahier	ノート
le crayon	鉛筆
le parapluie	傘
le portefeuille	財布
le mouchoir	ハンカチ
le panier	かご
le sac à dos	リュックサック
la montre	腕時計
l'agenda (m)	手帳

読んでみよう　2-21

　À Dijon, Yuki est allée dans un magasin de moutarde. Comme il y en a beaucoup de sortes, elle a demandé au vendeur laquelle choisir. Elle en a acheté beaucoup pour ses amis. Ensuite elle est allée à Beaune au Marché aux Vins devant lequel il y a l'Hôtel Dieu. On y achète un taste-vin avec lequel on peut déguster plusieurs vins.

🇫🇷 Civilisation

ディジョン

ブルゴーニュ大公宮殿とリベラシオン広場　14〜15世紀，ディジョンがブルゴーニュ公国の首都だった頃を偲ばせる宮殿．17世紀にヴェルサイユ宮殿を設計したマンサールによって改築．宮殿正面のリベラシオン広場もマンサールの設計．現在は宮殿の左翼が市庁舎，右翼がディジョン美術館となっている．

ノートルダム教会　13世紀後半のゴシック様式．北壁に彫られた「幸福のフクロウ」に願い事をしながら左手で触ると幸運をよぶと言われている．また，屋根の上には鐘つき人形「ジャックマール」があり，15分毎に鐘を鳴らしている．

シャンモル修道院と『モーゼの井戸』　14世紀末，フィリップ豪胆公が大公家の埋葬所として建てた修道院．現在は病院として使われている．彫刻家スリューテル作の『モーゼの井戸』は，中世ブルゴーニュ彫刻を代表する傑作．

シャンベラン館，ヴォギュエ館，ミリエール邸，ミルサン邸　木組みや石で建てられたカラフルな屋根をもつ邸宅．

サン・ベニーニュ大聖堂　大聖堂のクリプト（地下祭室）は必見．また，敷地内には考古学博物館がある．

美術館・博物館　ディジョン美術館／考古学博物館／ブルゴーニュ生活博物館／宗教美術館　など

フクロウの道　ディジョンの散策は"フクロウのマーク"（道に埋め込まれた三角形のプレート）を辿りながら歩く．旧市街の秘密を発見できる22ポイントを効率よく回ることができる．

特産品　マスタード／ワイン／パン・デピス／カシス・シロップ　など

ボーヌ

　コート・ドール（Côte d'Or）"黄金の丘"と呼ばれるブドウ畑が続く丘陵地帯にある街．毎年11月の第3日曜日にワインのオークションが開催され（「栄光の3日間」Les Trois Glorieuses と呼ばれている），世界中のワイン業者がこの街に集まる．

施療院（オテル・デュー）　1443年，貧しい人々の救済のためフィリップ善良公の大法官ニコラ・ロランが建てた病院（1971年まで使われた）．中庭を囲むカラフルなモザイク模様の瓦屋根や大病室の祭壇画『最後の審判』は必見．

ワイン博物館　ブルゴーニュ公の居城であった14〜16世紀の建物が，ワイン博物館となっている．古代から現代に至るワイン作りの歴史から，昔のブドウ圧搾機や樽，ワイン差しなど，ワインに関する様々な道具を展示している．

ワイン市場　ブルゴーニュの代表的なワインを試飲できる．

Grammaire

1. 疑問代名詞　複数の対象から「誰（どの人）」「どれ」のように詳しく尋ねる場合に用いる

🎧 2-22

	男性単数	女性単数	男性複数	女性複数
	lequel	laquelle	lesquels	lesquelles
前置詞　à + lequel	auquel	à laquelle	auxquels	auxquelles
前置詞　de + lequel	duquel	de laquelle	desquels	desquelles

＊前置詞が à, de の場合，縮約形になる

Lequel viendra, Thomas ou Michel ?　　　— C'est Michel.
Laquelle de ces cravates préférez-vous ?　　— Je préfère celle-ci.

Auxquelles de ces filles avez-vous téléphoné ?　— J'ai téléphoné à Catherine et Hélène.
Duquel de ces deux livres a-t-elle parlé ?　　— Elle a parlé de celui-ci.

2. 関係代名詞 (2)　前置詞 + 関係代名詞

1) 先行詞が「人」の場合： 前置詞 + **qui**

　　Vous connaissez les enfants avec qui je jouais ?
　　Voilà le médecin sur qui nous comptons beaucoup.　　＊compter sur～ = ～を頼りにする
　　Voici les élèves de qui je m'occupe.

2) 先行詞が「もの」の場合： 前置詞 + **lequel / laquelle / lesquels / lesquelles**

＊lequel は疑問代名詞と同じで，先行詞の性数により変化する

　　Voici l'appareil avec lequel il a pris des photos en Espagne.
　　L'hôtel près duquel nous travaillons est propre et confortable.
　　Ce sont les films auxquels je m'intéresse.
　　Voilà la fenêtre par laquelle le voleur est entré.　　＊まれに「人」に対しても用いることがある
　　　　　　　　　　　　　　　　　　　　　　　　　　Voilà la femme à laquelle je pensais.
　　　　　　　　　　　　　　　　　　　　　　　　　　　　　　(= à qui)

3. 所有代名詞　〈所有形容詞＋名詞〉に代わる代名詞　所有関係にある名詞の繰り返しを避ける

🎧 2-23

	男性単数	女性単数	男性複数	女性複数
私のもの	le mien	la mienne	les miens	les miennes
君のもの	le tien	la tienne	les tiens	les tiennes
彼のもの	le sien	la sienne	les siens	les siennes
彼女のもの	le sien	la sienne	les siens	les siennes
私たちのもの	le nôtre	la nôtre	les nôtres	
あなた(たち)君たちのもの	le vôtre	la vôtre	les vôtres	
彼らのもの	le leur	la leur	les leurs	
彼女たちのもの	le leur	la leur	les leurs	

Voici votre cahier et mon cahier.　　　　　　Ma robe est plus belle que ta robe.
➡ Voici votre cahier et le mien.　　　　　　➡ Ma robe est plus belle que la tienne.

Voilà mon vélo et son vélo.　　　　　　　　Son opinion est tout à fait opposée à mon opinion.
➡ Voilà mon vélo et le sien.　　　　　　　➡ Son opinion est tout à fait opposée à la mienne.

Leçon 9
Dijon

Exercices

1 ( ) に疑問代名詞を入れてみましょう
1) (   ) de ces deux photos préférez-vous ?
2) (   ) de ces hommes travaillent avec toi ?
3) (   ) de ces tableaux ne se trouve pas au Louvre ?
4) (   ) de ces pêches sont les meilleures ?

2 ( ) に適切な疑問代名詞を①〜③から選びましょう
1) (   ) de tes enfants as-tu téléphoné ?   ① Lequel   ② Duquel   ③ Auquel
2) (   ) de ces outils avez-vous besoin ?   ① Auxquels ② Desquels ③ Lesquels
3) À (   ) de ses sœurs a-t-elle offert un cadeau ? ① laquelle ② lequel   ③ auxquelles
4) (   ) de ces montres sont plus vendues ?   ① Desquelles ② Auxquelles ③ Lesquelles
5) (   ) de ces personnes est responsable ?   ① Lequel   ② Lesquels ③ Laquelle

3 問いの文に対する答えを A〜E から選び，線で結びましょう
1) Lequel de ces livres veux-tu lire ?   ・   ・ A. Je suis photographe.
2) Auquel de ces étudiants donnez-vous le prix ? ・   ・ B. Nous le donnons à Émile.
3) Avec qui part-il ?   ・   ・ C. Je connais cette fille-ci.
4) Laquelle de ces deux filles connais-tu ?   ・   ・ D. Je veux lire celui-ci.
5) Qu'est-ce que vous faites dans la vie ?   ・   ・ E. Il part avec son frère.

4 ( ) に適切な関係代名詞を①〜③から選びましょう
1) La femme (   ) je parlais est française.   ① auxquelles ② auquel   ③ à qui
2) C'est le poste (   ) il aspirait depuis longtemps.   ① auquel   ② de laquelle ③ auxquels
3) Le pont en face (   ) il habite est très beau.   ① de laquelle ② duquel   ③ avec lequel
4) Ce sont quelques exemples (   ) nous avons pensé.   ① auxquels ② dans lesquels ③ pour lesquels

5 日本語の文に合うように，所有代名詞を ( ) に入れましょう
1) Voilà ma montre et (   ).   私の腕時計と彼のものがある
2) Son opinion est tout à fait différente de (   ). 彼女の意見は私のものとは全く異なります
3) Leur voiture est moins rapide que (   ).   彼らの車はあなたのものほど速くない
4) Ces ordinateurs sont (   ).   あれらのパソコンは彼らのものだ

Travaux Pratiques

1 フランス語の文をよく聴いて，書いてみましょう　2-24
1) (   ) (   ), Lola ou Inès ?
2) (   ) de ces étudiants est (   ) (   ) sérieux ?
3) (   ) (   )-(   ), le bleu, le jaune, le noir, le vert ou le rouge ?
4) (   ) (   ) (   )-(   ), le cognac ou le calvados ?
　　*commencer par 〜 ＝〜から始める

2 フランス語の文をよく聴いて，書いてみましょう　2-25
1) C'est votre smartphone ?   — Non, (   ) (n') (   ) (   ) (   ).
2) Ce ne sont pas leurs voitures ? — Si, (   ) (   ) (   ) (   ).
3) Mes parents sont bruns, mais (   ) (   ) (   ) blonds.
4) Voilà (   ) (   ) et (   ) (   ).

Leçon 10

Strasbourg

ドイツの香りが強いヨーロッパの中心都市

Photos du Voyage

15日目 Dijon 《TGV 8h07》 ➡ **Strasbourg** 《10h27》

Strasbourg, Grande-Île et *Neustadt* (♛ 1988)

Cathédrale Notre-Dame

Palais Rohan

Horloge astronomique

Musée Alsacien

Petite France

🎧 2-26

Au restaurant

あなた： Je voudrais réserver une table pour ce soir.
店員： Pour combien de personnes ?

あなた： Pourriez-vous me donner la carte, s'il vous plaît.
店員： Oui, tout de suite.

あなた： Pardon monsieur, je pourrais avoir une carafe d'eau ?
店員： Bien sûr. Je vous l'apporte.

あなた： Est-ce que je peux payer par carte ?
店員： Oui, bien sûr.

言ってみよう ❶ Vocabulaire 1 を使う

● .... がほしいのですが…
Je voudrais ....

Je voudrais *une table* et *deux chaises*.

Vocabulaire 1 生活用品 🎧 2-27

le meuble	家具	le rideau	カーテン
le lit	ベッド	le vase	花瓶
le placard	戸棚	le réfrigérateur〔le frigo〕	冷蔵庫
l'armoire *f*	洋服タンス	la lumière	照明
le bureau	机	la machine à laver	洗濯機
la table	テーブル	la télévision〔la télé〕	テレビ
la chaise	椅子	l'aspirateur *m*	掃除機
le canapé	ソファー	le chauffage	ヒーター
le fauteuil	肘掛け椅子	l'ordinateur *m*	パソコン

言ってみよう ❷ Vocabulaire 1, 2 を使う

● もしお金があれば，............ を買うのに．
Si j'avais de l'argent, j'achèterais un / une / des ....

● もしお金があれば，私の .... を修理するのに．
Si j'avais de l'argent, je ferais réparer mon / ma / mes ....

読んでみよう 🎧 2-29

La ville de Strasbourg ressemble à une ville allemande. Les bâtiments et les spécialités locales sont à l'allemande. C'est une ville qui se trouve à côté du Rhin qui sert de frontière avec l'Allemagne, et qui appartenait à l'Allemagne autrefois. Comme Yuki a visité cette ville le week-end, il y avait beaucoup de monde. Si cela *avait été* un jour de la semaine, elle *aurait pu* se promener plus tranquillement au bord de la rivière.

Vocabulaire 2 住まい 🎧 2-28

la maison	家
l'appartement *m*	マンション
le salon	客間
la salle de séjour	居間
la chambre	寝室
la cuisine	台所
la salle à manger	食堂
la salle de bains	浴室
la douche	シャワー
le lavabo	洗面台
l'entrée *f*	玄関
la porte	ドア
la fenêtre	窓
le balcon	バルコニー
le mur	壁
le couloir	廊下
l'escalier *m*	階段
l'ascenseur *m*	エレベーター

🇫🇷 Civilisation

ストラスブール

アルザス地方の中心首都．2000年以上の歴史の中で，ラテン文化とゲルマン文化が融合した独特の文化遺産を持つ．ライン川の支流のイル川に囲まれた部分が旧市街．1988年，ユネスコの世界遺産に登録された．ここには中世期の建造物がいくつも残る．ノートルダム大聖堂，ロアン宮，美術館など．これらを見学すれば，中世以来のストラスブールの歴史を振り返ることができる．木骨組みの民家 (colombage) など，伝統的な古い街並みが美しい．また，ヨーロッパの主要行政機関が集まる国境の近代都市でもある．

ノートルダム大聖堂　ゴシック建築の傑作．創建は11世紀で，高さ142mの尖塔は1439年に完成．"石のレース編み"と讃えられる透かし細工が調和した正面の装飾や彫刻，堂内の説教壇，12〜15世紀のステンドグラスなど見どころは多い．毎日12時30分にからくり人形が現れる"天文時計"も必見．332段の石段を登ると，高さ66mの屋上から市街のパノラマが見渡せる．

ロアン宮　1704年にストラスブールの司教となったロアンが司教宮殿として造った建物．現在は内部に3つの美術館（博物館）がある．
- ◆装飾美術館（1階）　17世紀〜19世紀中頃の貴重な陶磁器，金細工，時計などのコレクションを所蔵．
- ◆ストラスブール美術館（2階）　初期フランドル，ルネッサンス（ラファエロやボッティチェリなど），17〜18世紀（ルーベンス，ヴァン・ダイク，ゴヤなど），19世紀（ドラクロワ，クールベ，コローなど）に至るまでの名画を堪能できる．
- ◆考古学博物館（地下）

プティット・フランス　イル川の本流が4つに分かれる地帯は，ストラスブールの小ヴェニスと呼ばれるエリアで「プティット・フランス」と呼ばれた．運河沿いに並ぶ木骨組みの建物が絵のように美しい．

アルザス博物館　アルザスの伝統的な衣装や生活用品，玩具などが展示されている民族博物館．

クリスマス市　12月に近づくと，100以上の店が並ぶクリスマス市で有名．ツリー，リース，アルザスの伝統工芸品，ホットワインやアルザスの銘菓が売られる．クレベール広場には巨大なクリスマスツリーが飾られ，大聖堂，街の教会ではコンサートが催される．

名産品と料理
- ◆タルト・フランベ (tarte flambée)　薄いパン生地にソーテーしたベーコン，玉葱，クリームチーズを混ぜたものを乗せて炭火で焼いたアルザス風極薄ピザ．
- ◆パン・デピス (pain d'épices)　数種類のスパイスとはちみつを合わせた焼菓子．

Grammaire

条件法：直説法は話し手が事実と思われる事柄を述べるのに対し，条件法は仮定的なもの，非現実な事柄を述べる

1. 条件法現在

1) 活用　＊活用語尾はすべての動詞に共通　＊語幹は単純未来形と同じ

je	—rais	nous	—rions
tu	—rais	vous	—riez
il	—rait	ils	—raient
elle	—rait	elles	—raient

条件法現在の活用語尾は〔r＋半過去形〕と覚えよう

🎧 2-30

manger（条件法現在）

je	mangerais	nous	mangerions
tu	mangerais	vous	mangeriez
il	mangerait	ils	mangeraient
elle	mangerait	elles	mangeraient

🎧 2-31

練習　**faire（条件法現在）**

je		nous	
tu		vous	
il		ils	
elle		elles	

2) 用法
① 語調緩和（丁寧な言い方）　Je voudrais voir ce film.
　　　　　　　　　　　　　　Pourriez-vous m'aider ?
② 推測，伝聞　　　　　　　Elle est absente, elle serait malade.

2. 条件法過去

1) 活用

| 主語＋avoir（条件法現在）＋過去分詞 | 主語＋être（条件法現在）＋過去分詞 |

[faire] 🎧 2-33

j'	aurais	fait
tu	aurais	fait
il	aurait	fait
elle	aurait	fait
nous	aurions	fait
vous	auriez	fait
ils	auraient	fait
elles	auraient	fait

[partir] 🎧 2-34

je	serais	parti(e)
tu	serais	parti(e)
il	serait	parti
elle	serait	partie
nous	serions	parti(e)s
vous	seriez	parti(e)(s)
ils	seraient	partis
elles	seraient	parties

2) 用法：過去の事柄に関する後悔，非難，推測

　　J'aurais voulu voir ce film.
　　Vous n'auriez pas pu me prévenir ?

3. 仮定の用法

1) 現在の事実に反する仮定

Si＋直説法半過去 …，条件法現在

　　S'il faisait beau, j'irais à la mer.

2) 過去の事実に反する仮定

Si＋直説法大過去 …，条件法過去

　　S'il avait fait beau, je serais allé à la mer.

※ Si 節がない場合もある
　　Sans votre aide, je ne réussirais jamais.
　　À ta place, je n'aurais pas fait ça.

※実現可能な仮定を表す場合は…

Si＋直説法現在 …，直説法単純未来 / 近接未来等

　　S'il fait beau cet après-midi, j'irai à la mer.

練習　🎧 2-32

◆語幹（原則）：動詞の原形から r (re) を除いたもの

chanter	➡	je (	)rais
danser	➡	je (	)rais
finir	➡	je (	)rais
partir	➡	je (	)rais
attendre	➡	j' (	)rais
écrire	➡	j' (	)rais
prendre	➡	je (	)rais

◆ -er 規則動詞の変則的活用をする動詞は直説法現在1人称単数（je）から語幹をつくる

appeler ➡ j'appelle ➡ j'appellerais
acheter ➡ j'achète ➡ j'_____

◆特殊な語幹をもつ動詞

être	➡	je (	)rais
avoir	➡	j' (	)rais
aller	➡	j' (	)rais
venir	➡	je (	)rais
faire	➡	je (	)rais
pouvoir	➡	je (	)rais
vouloir	➡	je (	)rais
devoir	➡	je (	)rais
savoir	➡	je (	)rais
voir	➡	je (	)rais
envoyer	➡	j' (	)rais
falloir	➡	il	

注意
* avoir と être の使い分けは複合過去の場合と同じ！
* 助動詞が être の場合，過去分詞は主語の性・数に一致
* 否定は avoir, être の条件法現在形を ne と pas ではさむ．（過去分詞は ne と pas の外）

確認 直説法半過去の語尾

je	— ais	nous	— ions
tu	— ais	vous	— iez
il	— ait	ils	— aient

確認 直説法大過去の形

être （ét-）
avoir（av-）　の半過去＋過去分詞

● 条件節（直説法半過去）を用いた表現

Ah, si j'étais riche !
ああ、お金持ちだったらなあ！

Elle s'habille comme si elle avait vingt ans.
彼女は20歳のような服を着る

Si on allait boire un verre ?
一杯飲みに行かないか

Leçon 10 — Strasbourg

Exercices

1 [   ]内の動詞を条件法現在にしましょう

1) [vouloir]   Je _____ réserver une table pour ce soir.
2) [aimer]   Elle _____ aller étudier en France.
3) [devoir]   Vous _____ vous reposer un peu.
4) [pouvoir]   _____-vous m'expliquer ?
5) [être]   Ce _____ gentil de me répondre le plus tôt possible.

確認 過去分詞 2-35

acheter	→ ____
aimer	→ ____
aller	→ ____
choisir	→ ____
comprendre	→ ____
devoir	→ ____
écrire	→ ____
faire	→ ____
finir	→ ____
pouvoir	→ ____
réussir	→ ____
vouloir	→ ____
voyager	→ ____

2 [   ]内の動詞を条件法過去にしましょう

1) [devoir]   Tu _____ venir plus tôt.
2) [devoir]   Je n'_____ pas _____ acheter cette voiture.
3) [devoir]   Vous _____ me dire la vérité.
4) [écrire]   Je n'avais pas le temps, sinon je t'_____.
5) [vouloir] J'_____ aller aux États-Unis avec toi.
6) [pouvoir] Il _____ nous appeler plus tôt.

3 下線部の動詞の時制を考え，[   ]内の動詞を適切な形にして ____ に書きましょう

1) [voyager]   Si j'<u>avais</u> le temps, je _____ en bateau.
2) [voyager]   Si elle <u>avait eu</u> le temps, elle _____ en bateau.
3) [acheter]   Si j'<u>étais</u> riche, j'_____ un château.
4) [faire]   Si vous <u>viviez</u> en France, qu'est-ce que vous _____ ?
5) [réussir]   S'il <u>avait fait</u> plus d'efforts, il _____.
6) [rencontrer] Si nous <u>étions venus</u> hier soir, nous _____ cet écrivain.
7) [comprendre] Si vous <u>écoutez</u> bien le professeur, vous _____.
8) [comprendre] Si vous <u>aviez</u> bien <u>écouté</u> le professeur, vous _____.
9) [rentrer]   Si tu m'<u>avais appelé</u>, je _____ tout de suite. (je＝女性)
10) [aller]   Si nous <u>avions</u> une voiture, nous _____ à la campagne.

Travaux Pratiques

1 フランス語の文をよく聴いて，書いてみましょう 2-36

1) S'il faisait beau, je (   ) (   ).
2) S'il fait beau, je (   ) (   ).
3) Si la piscine n'était pas fermée, j'(   ) nager.
4) Si elle avait pris un taxi, elle (   ) (   ) à l'heure.
5) Sans toi, je ne (   ) pas vivre.

2 フランス語の文をよく聴いて，書いてみましょう 2-37

1) Je (   ) un carnet, s'il vous plaît.
2) (   )-vous me donner votre numéro de téléphone ?
3) Ça me (   ) plaisir de revoir Léa.

Leçon 11

Nancy

アール・ヌーヴォーの街

Photos du Voyage

16日目 Strasbourg 《8h19》 ➡ Nancy 《9h46》
Nancy 《TGV 18h10》 ➡ Paris 《19h46》

Places Stanislas, de la Carrière, et d'Alliance à Nancy (♛ 1983)

Place Stanislas

Musée de l'École de Nancy

Musée des Beaux-Arts

À la réception　🎧 2-38

- あなた：Bonjour, j'ai une réservation.
- 受付係：Oui, votre nom, s'il vous plaît.
- あなた：Je suis madame Tanaka.
- 受付係：Désolé, on ne trouve pas votre nom sur la liste.
- あなた：Ah non, ce n'est pas possible !
  J'ai bien dit au téléphone que j'arriverais le 7 août.
  Et vous m'avez dit que vous aviez une chambre libre.
- 受付係：Ne vous inquiétez pas.
  Nous avons une chambre à deux lits avec salle de bains.

言ってみよう　日付を変えて言う

● 直接話法と間接話法

Elle me dit : « Je vais chez mes grands-parents le 1er janvier. »
Elle me dit qu'elle va chez ses grands-parents le 1er janvier.

Elle me demande : « Est-ce qu'il y a un feu d'artifice le 14 juillet ? »
Elle me demande s'il y a un feu d'artifice le 14 juillet.

Elle me demande : « Qu'est-ce que les Français font le 24 décembre ? »
Elle me demande ce que les Français font le 24 décembre.

◆ フランスの主な行事と日付　　　　　　　　　　　　　　　　　　2-39

元旦	Jour de l'An	le 1er janvier
公現祭	Épiphanie	（クリスマス後の2回目の日曜）
聖燭祭	Chandeleur	le 2 février
バレンタインデー	St-Valentin	le 14 février
ポワソン・ダブリル	Poisson d'avril	le 1er avril
復活祭	Pâques	（春分以降最初の満月の次の日曜）
メーデー	Fête du Travail	le 1er mai
キリスト昇天祭	Ascension	（復活祭から40日目）
聖霊降臨祭	Pentecôte	（復活祭から50日目）
音楽の日	Fête de la musique	le 21 juin
革命記念日	14 juillet	le 14 juillet
聖母被昇天祭	Assomption	le 15 août
諸聖人の祝日	Toussaint	le 1er novembre
ボジョレ・ヌーヴォー解禁日	Arrivée du beaujolais nouveau	（11月の第3木曜）
クリスマス・イヴ	Réveillon de Noël	le 24 décembre
クリスマス	Noël	le 25 décembre
大晦日	St-Sylvestre	le 31 décembre

2-40

読んでみよう

　À Nancy, trois places sont classées au patrimoine mondial de l'UNESCO. Yuki est entrée dans un café qui se trouve sur la Place Stanislas, une de ces trois places. Elle a discuté avec une étudiante qui était à côté d'elle, qui lui a dit qu'il y avait une statue de Louis XV sur cette place, mais qu'elle avait été détruite au moment de la Révolution. On l'avait ensuite remplacée par une statue de Stanislas, beau-père de Louis XV. Elle lui a dit aussi d'aller voir le spectacle à l'Opéra ce soir-là, et elle lui a dit qu'il serait magnifique.

Civilisation

ナンシー
　スタニスラス広場，カリエール広場，アリアンス広場は，ナンシーの古典的な都市計画を偲ばせる広場として1983年ユネスコの世界遺産に登録された．

スタニスラス広場　ロココ建築の傑作．17世紀半ばまで，ナンシーの街は大通りを境に中世期の旧市街と16世紀から17世紀にかけて作られた新市街に隔たれていた．この2つを統一する都市計画の一環で造られたのがスタニスラス広場．この広場は，フランス王ルイ15世の義父に当たるロレーヌ公スタニスラス・レシチニスキ（旧ポーランド国王・1737年にロレーヌ公となる）が，ルイ15世を称えるため建設した．当初は，国王広場(Place Royale)と呼ばれ，ルイ15世の像が置かれていたが，革命時に破壊．19世紀に入ってスタニスラス公の銅像が置かれた．

ナンシー派美術館　ナンシー派の代表，エミール・ガレの幻想的なガラス器や家具・調度品を所蔵．庭にはガレの創造の源となったロレーヌ地方の草花が集められている．

ナンシー美術館　14～21世紀の絵画を幅広く所蔵．地下展示室には，ドーム兄弟がコレクションした600点以上のガラス工芸品がある．

ロレーヌ博物館　元ロレーヌ公の宮殿．この地方の歴史博物館として様々な時代の文化や生活が分かり易く展示されている．

Grammaire

1. 話法

直接話法から間接話法への転換　間接話法の主語は話し手から見て誰かを考える

◆直接話法

Il me dit : « Je suis fatigué. »
Il me demande : « Est-ce que tu es libre ? »
Il me demande : « Qu'est-ce que vous avez acheté ? »
Il me demande : « Qu'est-ce qui ne va pas ? »
Il me demande : « Qui est-ce que tu veux voir ? »
Il me demande : « Qui est-ce qui vient ce soir ? »
Il me demande : « Quand est-elle partie ? »
Il me dit : « Mangez plus de légumes ! »
Il me dit : « Ne bois pas trop d'alcool ! »

◆間接話法

→ Il me dit qu'il est fatigué.
→ Il me demande si je suis libre.
→ Il me demande ce que j'ai acheté.
→ Il me demande ce qui ne va pas.
→ Il me demande qui je veux voir.
→ Il me demande qui vient ce soir.
→ Il me demande quand elle est partie.
→ Il me dit de manger plus de légumes.
→ Il me dit de ne pas boire trop d'alcool.
※動詞の原形の否定は〔ne pas 動詞の原形〕になる

2. 時制の一致

主節の動詞が過去であれば，従属節の時制は変化する

直説法現在	➡ 直説法半過去
直説法近接未来	➡ 直説法半過去
直説法近接過去	➡ 直説法半過去
直説法複合過去	➡ 直説法大過去
直説法単純未来	➡ 条件法現在
直説法前未来	➡ 条件法過去

※半過去，大過去，条件法は変化しない

副詞の変化　しっかり覚えよう！　🎧 2-41

〔現在を基準にした言い方〕		〔過去のある時点を基準にした言い方〕	
aujourd'hui	→	ce jour-là	その日
hier	→	la veille	前日
demain	→	le lendemain	翌日
maintenant	→	alors	その時
ce matin	→	ce matin-là	その日の朝
ici	→	là	そこに

◆直接話法

Elle m'a dit : « Je travaille le samedi. »
Elle m'a dit : « Je vais déménager. »
Elle m'a dit : « Je viens d'arriver à Paris. »
Elle m'a dit : « Elle a déjeuné au café. »
Elle m'a demandé : « Quand tu partiras à Paris ? »
Elle m'a dit : « Je serai rentrée avant 23 heures. »
Elle m'a dit : « J'étais malade. »

◆間接話法

→ Elle m'a dit qu'elle travaillait le samedi.
→ Elle m'a dit qu'elle allait déménager.
→ Elle m'a dit qu'elle venait d'arriver à Paris.
→ Elle m'a dit qu'elle avait déjeuné au café.
→ Elle m'a demandé quand je partirais à Paris.
→ Elle m'a dit qu'elle serait rentrée avant 23 heures.
→ Elle m'a dit qu'elle était malade.

確認 時制の語尾を書きましょう

	半過去	単純未来	条件法現在
je	-ais	-rai	-rais
tu			
il/elle			
nous			
vous			
vous			
ils/elles			

確認 （　）にあてはまる言葉を書きましょう

〔複合過去〕　être / avoir（　直説法現在　）＋ 過去分詞
〔大過去〕　être / avoir（　　　）＋ 過去分詞
〔前未来〕　être / avoir（　　　）＋ 過去分詞
〔条件法過去〕　être / avoir（　　　）＋ 過去分詞

Nancy — Leçon 11

Exercices

1 間接話法の文に書き換えましょう

1) Elle me dit : « J'ai faim. »
   Elle me dit _____

2) Mon père me demande : « Tu as mal à la tête ? »
   Mon père me demande _____

3) Le serveur nous demande : « Qu'est-ce que vous prenez comme plat ? »
   Le serveur nous demande _____

4) Ma mère me dit : « Lave-toi les mains avant de manger. »
   Ma mère me dit _____

5) Mon collègue me demande : « Où est-ce que tu habites ? »
   Mon collègue me demande _____

2 間接話法の文に書き換えましょう

1) Ma sœur m'a dit : « Je ne veux pas sortir aujourd'hui. »
   Ma sœur m'a dit _____

2) Mon cousin m'a dit : « J'ai perdu mon portefeuille hier. »
   Mon cousin m'a dit _____

3) Ma cousine m'a dit : « Mon professeur arrivera à Paris demain. »
   Ma cousine m'a dit _____

4) Le professeur m'a demandé : « Quand est-ce que vous en avez parlé à Paul ? »
   Le professeur m'a demandé _____

5) Ma mère m'a demandé : « Quand est-ce que tu finiras tes devoirs ? »
   Ma mère m'a demandé _____

6) Éric m'a demandé : « Qui est-ce que tu as vu hier ? »
   Éric m'a demandé _____

3 日本語の文に合うように，（　）を埋め，文を完成させましょう

1) マリーは，誕生日にたくさんプレゼントを受け取ったと私に言った
   Marie m'a dit (　　　　　) (　　　　　) reçu beaucoup de cadeaux pour son anniversaire.

2) 彼のお母さんは，彼にどこにいくのかと尋ねた
   Sa mère lui a demandé (　　　　　) (　　　　　) (　　　　　).

Travaux Pratiques

1 フランス語の文をよく聴いて，書いてみましょう　2-42

1) Pierre a demandé au chauffeur (　　　　　) à l'aéroport.
2) Isabelle a dit qu'elle (　　　　　) la viande.
3) Ma grand-mère m'a dit qu'elle (　　　　　) chez moi le lendemain.
4) Il m'a expliqué pourquoi il (　　　　　) absent ce jour-là.

2 フランス語の文をよく聴いて，書いてみましょう　2-43

1) Elle m'a écrit qu'elle (　　　　　) de déménager et qu'elle m' (　　　　　), quand elle (　　　　　) (　　　　　) de s'installer.
2) Le patron m'a demandé où j' (　　　　　) (　　　　　), quelles langues je (　　　　　), si j'(　　　　　) (　　　　　) étudier à l'étranger et dans quel pays je (　　　　　) travailler.

Leçon 12

Versailles

パリから日帰りの旅（ヴェルサイユ）

17日目 Paris《RER C線 10h00》➡ **Versailles**《10h45》(観光)
Versailles《RER C線 18h00》➡ **Paris**《18h45》

Château de Versailles

Palais et parc de Versailles (♛ 1979)

Châteaux de Trianon et Domaine de Marie-Antoinette

Dans un cabinet médical 🎧 2-44

医者：	Qu'est-ce que vous avez ?
あなた：	J'ai mal à la tête.
医者：	Vous avez de la fièvre ?
あなた：	Oui, j'ai 38.
医者：	Depuis quand ?
あなた：	Depuis hier soir.
	Est-ce que je suis enrhumé(e) ?
医者：	Oui, il faut que vous preniez ces médicaments.

言ってみよう ❶ Vocabulaire を使う

A：私は，＿＿＿＿＿が痛い（悪い）．
B：君（あなた）は，〜しなければならない．

A： **J'ai mal à la** ＿＿＿＿＿．
B： **Il faut que** ＿＿＿＿＿．

A： **J'ai mal à l'** ＿＿＿＿＿．
B： **Il faut que** ＿＿＿＿＿．

A： **J'ai mal au** ＿＿＿＿＿．
B： **Il faut que** ＿＿＿＿＿．

A： **J'ai mal aux** ＿＿＿＿＿．
B： **Il faut que** ＿＿＿＿＿．

〔B 群〕
Il faut que tu te reposes.
Il faut que tu ailles voir le médecin.
Il faut que tu prennes des médicaments.
Il faut que vous alliez voir le dentiste.

Vocabulaire 身体 🎧 2-45

la tête	頭	le bras	腕
les cheveux (m)	髪	le dos	背中
le visage	顔	les reins (m)	腰
l'œil 〔les yeux〕(m)	片目（両目）	la main	手
le nez	鼻	le doigt	指
la bouche	口	la jambe	脚
la dent 〔les dents〕	歯	le pied	足
le cou	首	le cœur	心臓
la gorge	喉	l'estomac (m)	胃
l'épaule (f)	肩	le ventre	お腹

言ってみよう ❷ 右表を使い，下線部を変えて言う

●〜を見学できなくて，残念だ

Il est dommage que je ne puisse pas visiter <u>la Corse</u>.

調べてみよう パリ発 "日帰りの旅"

le Château de Vaux-le-Vicomte	ヴォー・ル・ヴィコント城
le Château de Fontainebleau	フォンテーヌブロー城
Chartres	シャルトル
Chantilly	シャンティ
Provins	プロヴァン
Auvers-sur-Oise	オヴェール・シュル・オワーズ
Giverny	ジヴェルニー
Reims	ランス

読んでみよう 🎧 2-46

　Yuki est revenue à Paris. Elle est enfin allée au Château de Versailles qu'elle voulait visiter depuis longtemps. En sortant de la gare, elle a vu beaucoup de nuages, elle s'est inquiétée qu'il **fasse** mauvais. À l'entrée, elle a dû faire la queue pendant une heure pour acheter un billet. Cela aurait été mieux qu'elle l'**achète** à l'avance à Paris. Malgré tout, c'est le plus beau château qu'elle **connaisse**. Quand elle est sortie du Château, il y a eu un orage. Elle aurait bien voulu aller jusqu'au Petit Trianon que Marie-Antoinette préférait. C'est un château dont le paysage ressemble à une vraie campagne. Il est dommage qu'elle n'**ait pu** le visiter à cause du mauvais temps.

🇫🇷 Civilisation

ヴェルサイユ

ヴェルサイユ宮殿　フランス絶対王政時代を象徴する壮麗で豪華絢爛たる大宮殿．バロック・ロココ建築．ルイ13世の狩猟用の館として建てられたが，1661年より太陽王ルイ14世が建設に着手し，建築家ル・ヴォーとマンサール，画家・装飾家のル・ブランの設計と内装で大部分を完成させた．正式に王宮が移されたのは1682年．ルイ14世は，膨大な富を投入してこの宮殿を築き，各地の王たちを招いた．さらに，貴族たちを移住させ，庭園を庶民に開放して王の力を世に知らしめた．"朕は国家なり"と称したルイ14世による絶対王政の象徴．
　◆**構造**　宮殿は3階建てで2つの翼棟をもち，700以上の部屋がある．壁や床，天井は大理石で造られており，金銀の豪華な装飾が施されている．

鏡の間（鏡の回廊）　宮殿を代表する部屋．17のアーケードは357枚の鏡で装飾され，シャンデリアと燭台の光で空間を演出した．全長73m．

庭園　宮殿の裏側に広がる約100万㎡の大庭園は，ルイ14世が自ら庭園案内の手引きを書くほど自慢した庭．ルイ14世の統治時代に造園家アンドレ・ル・ノートルの指揮の下に造営．彼の死後マンサールに引き継がれて幾度も改修を行い，1661〜1700年までおよそ40年という歳月をかけて完成された．フランス式庭園の最高傑作といわれている．

トリアノン宮殿とアントワネットの離宮　堅苦しい宮廷生活の息抜きのために造られた離れが，グラン・トリアノンとプチ・トリアノン．グラン・トリアノンはルイ14世が愛人と過ごすために作らせた隠れ家のような場所で，後に大理石造りの館へと改装された．プチ・トリアノンは，ルイ15世が造ったものだったが，ルイ15世逝去後はマリー・アントワネットがこの場所を好んで使用した．

Grammaire

接続法：直説法が事実を客観的に述べるのに対し，接続法は主観的な事柄，義務，願望，希望，意志，恐れ，命令，禁止，感情，否定，疑問，可能性，最上級，不確実等を表す動詞や形容詞の後（従属節中）で用いる

1. 接続法現在

1) 活用（活用語尾） 🎧 2-47

je	—e	nous	—ions
tu	—es	vous	—iez
il	—e	ils	—ent
elle	—e	elles	—ent

partir（接続法現在）

je	parte	nous	partions
tu	partes	vous	partiez
il	parte	ils	partent
elle	parte	elles	partent

接続法の活用語尾は，je, tu, il, elle, ils, elles → —er 動詞・直説法現在
nous, vous → 直説法半過去と覚えよう

[例外] 🎧 2-50

être（接続法現在）

je	sois	nous	soyons
tu	sois	vous	soyez
il	soit	ils	soient
elle	soit	elles	soient

🎧 2-51

avoir（接続法現在）

j'	aie	nous	ayons
tu	aies	vous	ayez
il	ait	ils	aient
elle	ait	elles	aient

練習

◆ 語幹（原則）：直説法現在3人称複数の活用形から ent をとる

	〔直説法〕	〔接続法語幹〕
chanter	→ ils chantent	→ chant
choisir	→ ils choisissent	→ choisiss
partir	→ ils partent	→ part
lire	→ ils lisent	→ lis
érire	→ ils écrivent	→
dire	→ ils disent	→
connaître	→ ils connaissent	→

◆ 直説法現在で nous と vous の語幹が ils と異なる場合 → 接続法でも異なる〔nous と vous は直説法半過去と同じ形になる〕 🎧 2-48

	〔直説法〕	〔接続法〕
venir	→ ils viennent	→ je vienne
	nous venons	→ nous venions
prendre	→ ils prennent	→ je _____
	nous prenons	→ nous _____
voir	→ ils voient	→ je voie
	nous voyons	→ nous voyions

◆ être と avoir の他に語幹が変化する動詞（特殊な語幹を持つ動詞）🎧 2-49

faire	→ je fasse
pouvoir	→ je puisse
savoir	→ je sache
aller	→ j'aille / nous allions
vouloir	→ je veuille / nous voulions
pleuvoir	→ il pleuve
falloir	→ il faille

2) 用法 〔a〕〜〔f〕

〔a〕主節に願望，意志，感情，疑惑などを表す表現のあとの従属節で用いる

Je veux que tu **viennes** demain.
J'ai peur qu'il ne **pleuve** demain.

〔よく使われる名・形・動〕

名詞
avoir besoin
avoir envie
avoir de la chance
avoir peur

形容詞
bizzare
content
désolé
étonné
heureux
triste

動詞
aimer　adorer
conseiller　désirer
détester　douter
interdire　ordonner
permettre　préférer
refuser　regretter
souhaiter　vouloir
s'inquiéter

〔b〕可能，必要など価値判断などを表す非人称構文の従属節で用いる

Il faut que tu **partes** tout de suite.

【覚えておきたい！】非人称構文
il faut　　il vaut mieux　　il est (im)possible
il est important　il semble　　il est utile
il est normal　il est nécessaire　il est dommage

〔c〕目的，譲歩，条件，時，否定などを表す接続詞句のあとで用いる

Parlez plus lentement **pour que** tout le monde **puisse** comprendre.

【覚えておきたい！】接続詞句 🎧 2-52

afin que	〜するために	à moins que	〜しない限り
à condition que	〜という条件で	avant que	〜するまでに
bien que	〜なのに	de peur que	〜を恐れて
jusqu'à ce que	〜するまで	pour que	〜するために
quoique	〜であろうとも		

〔d〕最上級またはそれに準ずる表現のあとの関係詞節で用いる

C'est **le meilleur film** que je **connaisse**.

【チェックしよう！】最上級またはそれに準ずる表現
le (la / les) plus
le (la / les) meilleur(e)(s)
seul(e)(s)　　unique(s)
premier(ère)(s)　dernier(ère)(s)

〔e〕主節の動詞（croire, penser 等）が，否定形あるいは疑問形で，話し手が事実とは疑わしいと見なす場合，従属節で用いる

Je ne crois pas qu'il **dise** la vérité.

〔f〕願望，命令を表す独立節で用いられる

Pourvu qu'il **fasse** beau !

2. 接続法過去

主語 + avoir（接続法現在）+ 過去分詞　　Je suis content qu'il **ait réussi** à l'examen.
主語 + être　（接続法現在）+ 過去分詞　　Je ne suis pas sûre qu'elle **soit allée** à la réunion de mercredi.

Leçon 12 — Versailles

Exercices

1 [　] 内の動詞を接続法現在にし，なぜ接続法を用いるのか考えてみましょう

1) [dire] Je voudrais que tu _____ ce que tu penses.
2) [être] Je suis contente que vous _____ là demain.
3) [arriver] Nous avons peur qu'elle n'_____ en retard.
4) [prendre] Il faut que nous _____ le train de huit heures.
5) [savoir] Il vaut mieux qu'il _____ la vérité.
6) [faire] Bien que je _____ de mon mieux, ça ne marche pas.
7) [s'inquiéter] J'ai appelé ma mère pour qu'elle ne _____ pas.
8) [pouvoir] C'est la seule chose que tu _____ faire.
9) [aller] Je cherche un T-shirt qui _____ bien avec ce pantalon.
10) [lire] Je ne pense pas qu'il _____ ma lettre.

*虚辞の ne
「～でなければよいのだが」という否定的心理を反映して，改まった言い方や書き言葉で ne を付ける場合がある．このような用法の ne を「虚辞の ne」という

2 [　] 内の動詞を接続法過去にし，なぜ接続法を用いるのか考えてみましょう

1) [partir] Je suis triste qu'elle _____ si tôt.
2) [réussir] Croyez-vous qu'il _____ son baccalauréat ?
3) [visiter] Il est dommage que nous n'_____ pas _____ cette église.
4) [voir] C'est le meilleur film que j'_____ l'année dernière.
5) [se tromper] Nous nous inquiétons que notre fils se _____ de chemin.

3 [　] 内から適切な動詞を選んで書きましょう

1) [va / aille]
   a. J'espère qu'il _____ mieux.
   b. Je souhaite qu'il _____ mieux.
2) [vient / vienne]
   a. Je crois qu'il _____.
   b. Je ne crois pas qu'il _____.
3) [ai reçu / aie reçu]
   a. C'est le cadeau que j'_____ hier.
   b. C'est le seul cadeau que j'_____.
4) [comprend / comprenne]
   a. Il semble qu'il te _____.
   b. Il est certain qu'il te _____.
5) [sont venues / soient venues]
   a. Je sais qu'elles _____ hier.
   b. Je doute qu'elles _____ hier.

4 日本語の文に合うように，語を並べ替え，文を完成させましょう

1) 暗くなる前に帰りましょう
   avant, renterons, nuit, fasse, qu'il
2) 赤ちゃんがよく眠れるようにもっと小さい声で話して下さい
   moins, parlez, que, le bébé, bien, dorme, fort, pour
3) 明後日，来られる人は誰もいない
   a, puisse, qui, venir, il, n', après-demain, y, personne

Travaux Pratiques

1 フランス語の文をよく聴いて，書いてみましょう 🎧 2-53

1) Il faut que tu (_____) ce travail.
2) Je veux qu'il (_____) tout de suite.
3) Tes parents veulent que tu leur (_____) plus souvent.
4) Bien qu'elle (_____) de la fièvre, elle est sortie.

2 フランス語の文をよく聴いて，書いてみましょう 🎧 2-54

1) Hier je suis allé dîner dans un restaurant. Bien qu'il ne (_____) pas très cher, c'était très bon. C'est le meilleur restaurant que je (_____).
2) Il semble qu'il y (_____) (_____) un accident de métro, tu veux que je te (_____) jusqu'au travail ?

Appendice

付録 ● パリから日帰りの旅

◆ 旅のプランを自分でアレンジ！
パリから気軽に日帰りの旅を計画しては？
パリ発のバスツアーに参加もいいね

◆ 3週間のフランス旅行を完成させよう！

日程	観光都市＆スケジュール			宿泊地
17	〔 ① 〕パリ →	ヴェルサイユ	📷 → パリ	パリ
18	〔 〕パリ →		📷 → パリ	パリ
19	〔 〕パリ →		📷 → パリ	パリ
20	〔 〕パリ →		📷 → パリ	パリ
21	〔 〕パリ →		📷 → パリ	パリ
	フランス出国 ✈✈✈✈✈✈✈✈✈✈✈✈✈✈✈✈			（機内泊）
				日本 帰国

18日目〜21日目の観光地（以下②〜⑦）を自分で選ぼう

① ヴェルサイユ
② シャルトル
③ ランス
④ プロヴァン ＋ ヴォー・ル・ヴィコント城 〈バスツアー〉
⑤ オヴェール・シュル・オワーズ ＋ ジヴェルニー 〈バスツアー〉
⑥ フォンテーヌブロー
⑦ パリのセーヌ河岸

◆ シャルトル〔アクセス：パリ（モンパルナス駅）から TER で60〜75分〕

「ノートルダム大聖堂」（👑1979）：異なる2本の尖塔は，向かって左の塔がゴシック様式（高さ113m），右の塔はロマネスク様式（高さ105m）である．"シャルトル・ブルー"と称えられる鮮やかな青が特徴の美しいステンドグラスは必見（写真右，『美しき絵ガラスの聖母』のステンドグラス）．
「シャルトル美術館」：17世紀から現代までのヨーロッパ絵画を所蔵．

♥ 駅から大聖堂までは徒歩で行ける．大聖堂前のインフォメーションで地図をもらい，ウール川沿いに残る古い町並みを散策しては…．

◆ ランス〔アクセス：パリ（東駅）から TGV で約50分〕

「ランスのノートルダム大聖堂，サン・レミ旧大修道院，トー宮殿」（👑1991）
「ノートルダム大聖堂」：歴代のフランス王が戴冠式を行ったフランス随一の格式を誇るゴシック大聖堂の傑作（写真左）．左右対称に2本の塔が建ち，正面中央扉右側壁の4体の立像（受胎告知と聖母訪問）はゴシック最盛期の秀作．聖堂前の広場の一角には，ジャンヌ・ダルクの騎馬像がある（百年戦争，ジャンヌ・ダルク，オルレアンの解放，シャルル7世の戴冠式など，ランスを訪れる前に歴史を調べてみよう）．
「フジタ礼拝堂」：フランスで活躍した日本人画家・藤田嗣治（1886-1968）が晩年に独自の手法で制作したフレスコ画がみられる（写真右）．

♥ ランスはシャンパンの街！世界遺産めぐりに加えて，世界最高峰のシャンパン，モエ・エ・シャンドン社のドン・ペリニヨンのシャンパンセラー見学もおすすめ．
シャンパーニュ地方を満喫できるバスツアーも多い．

Appendice

◆ プロヴァン〔アクセス：パリ（東駅）からプロヴァン行きのTransilienで約1時間25分〕（Transilienについては次ページを参照）

「中世市場都市プロヴァン」（👑 2001）：プロヴァンは，11世紀～13世紀にかけてシャンパーニュ地方で最も繁栄した町の一つだった．9本の街道が交わる交通の要所として栄えたが，ペストの流行や交易路の変更などで衰退し，中世の街並みだけがそのまま残された．町のシンボルである12世紀建築の「セザールの塔」（写真左）から古い城壁と町並みが一望できる．

♥ プロヴァンでは年中様々なイベントが催され，気軽に中世の雰囲気を味わえる．

◆ ヴォー・ル・ヴィコント城〔アクセス：パリ（リヨン駅）からTransilien（約30分）でムランMelun下車＋ここから6km（タクシーで約10分）〕

―ヴェルサイユ宮殿のルーツとなった城―
ルイ14世の財務卿を務めていたニコラ・フーケの居城（写真左）．設計を担当したのは建築家ル・ヴォー，室内装飾は画家ル・ブラン，庭園はル・ノートルという17世紀の天才たちを結集して造られた城．

フーケが館をルイ14世に披露したところ，あまりの豪華さに王の不興を買ってしまう．フーケは投獄され，二度と館に戻ることはなかった．ルイ14世は同じスタッフを雇い，ヴェルサイユ宮殿と庭園に着手した．ヴェルサイユの広大な庭園（シンメトリーを軸に幾何学模様で構成，中央を運河が流れるダイナミックなデザイン）は，ヴォー・ル・ヴィコント城を模したものであり，このスタイルがフランス式庭園として広く知られるようになる（写真右はヴォー・ル・ヴィコント城の庭園）．

◆ オヴェール・シュル・オワーズ
〔アクセス：パリ（北駅またはサン・ラザール駅）からTransilienでポントワーズPontoise下車＋オヴェール・シュル・オワーズ行きに乗り換えて所要時間：約1時間〕

フィンセント・ファン・ゴッホ（1853-1890）は，1890年5月20日，オヴェール・シュル・オワーズの村に着いた．そして，2か月後，オワーズ川沿いのこの村外れで自殺を図った．亡くなるまでの間，『オヴェールの教会』（写真左，オヴェール教会），『カラスのいる麦畑』など，村の風景や人々を描き，70点を越える作品を制作した．

ゴッホの家（ラヴー亭）：ゴッホが住んだカフェ兼下宿屋．現在，ゴッホの家として公開されている（写真右）．

◆ ジヴェルニー〔アクセス：パリ（サン・ラザール駅）からIntercités（約45分～1時間）でヴェルノンVernon下車＋バスで約20分〕

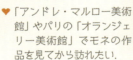

―印象派を代表するフランスの画家クロード・モネ（1840-1926）が晩年を過ごした場所―
「モネの家と庭園」：家の中には，モネがコレクションした日本の浮世絵が多数飾られている．"太鼓橋が架かる池"のある庭で，モネは連作『睡蓮』を制作した．

♥ 「アンドレ・マルロー美術館」やパリの「オランジェリー美術館」でモネの作品を見てから訪れたい．

◆ フォンテーヌブロー
〔アクセス：パリ（リヨン駅）からTransilien（約40分）でフォンテーヌブロー・アヴォンFontainebleau-Avon下車＋バスで約15分〕

「フォンテーヌブローの宮殿と庭園」（👑 1981）：フォンテーヌブロー城では，12世紀から18世紀末までの建築様式を一気に見ることができる．フランソワ1世からルイ16世まで7代の王が，この城に次々と建物を継ぎ足したからだ．また，「フランソワ1世の回廊」および「舞踏の間」の壁画や天井画は圧巻で，ガイド付きツアーも実施されている．庭園は，ル・ノートルによる花壇，カトリーヌ・ド・メディシスが造らせたディアヌの庭園，イギリス庭園など，趣の異なる庭が隣接している．城の内部を見学後，ゆっくり散策してみよう．

♥ 「フォンテーヌブローの森」：城の周りに広がる広大な森．王侯貴族はこの森で狩猟を楽しんだ（インフォメーションにはレンタサイクルもある）．

◆ **パリのセーヌ河岸**（👑 1991）

セーヌ川に架かるシュリー橋からイエナ橋までの約8kmが世界遺産に登録されている．

◆パリとイル・ド・フランスを旅するために

RER (Réseau express régional)
- ♥ パリとその周辺の 8 つの県を合わせたイル・ド・フランス地域圏を走る
- ♥ パリ市内では地下を走り，パリ郊外では地上を走る
- ♥ A 線〜E 線まで 5 つの路線がある

Transilien
- ♥ パリとその周辺の 8 つの県を合わせたイル・ド・フランス地域圏を走る
- ♥ パリにある 6 つのターミナル駅（サン・ラザール駅など）から乗車する
- ♥ 自動券売機で切符を買うときは〈Île-de-France〉の表示がある機械で購入する

〔乗り放題のチケット〕

Mobilis
- ♥ イル・ド・フランス内の一日乗り放題チケット
- ♥ 路線図は同心円状に薄く色分けされており，中心の白抜きの所が zone 1，そこから外側に zone 2, zone 3, … となる
- ♥ 乗車する zone によって料金が異なる
- ♥ 駅に設置されている自動券売機で買える

Paris Visite
- ♥ イル・ド・フランス路線図 zone 1 〜 3，zone1 〜 4，zone 1 〜 5 において，1/2/3/5 日間のいずれかの期間，乗り放題となるチケット（メトロと共通）

付録● 補足：地図（プロヴァンス）

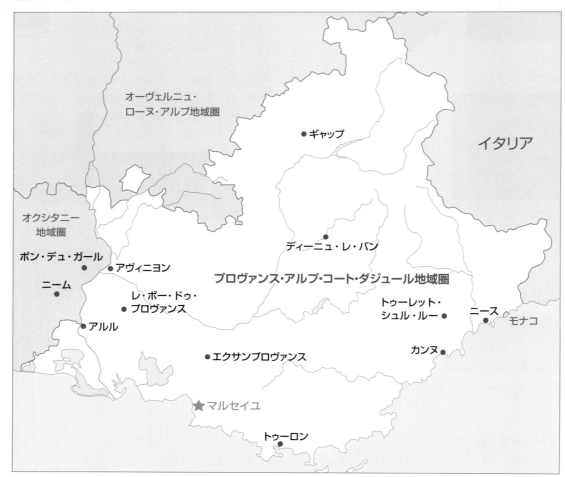

Appendice

付録 ● フランス世界遺産リスト (2017年時点)
〔以下,青字は本テキストで取り上げた都市や世界遺産に関するもの. ( )内は登録年〕

●文化遺産

1. ヴェルサイユの宮殿と庭園 (1979年)
2. モン・サン・ミッシェルとその湾 (1979年)
3. シャルトル大聖堂 (1979年)
4. ヴェズレーの教会と丘 (1979年)
5. ヴェゼール渓谷の先史的景観と装飾洞窟群 (1979年)
6. アミアン大聖堂 (1981年)
7. アルルのローマ遺跡とロマネスク様式建造物群 (1981年)
8. オランジュのローマ劇場とその周辺及び「凱旋門」(1981年)
9. フォンテーヌブローの宮殿と庭園 (1981年)
10. フォントネーのシトー会修道院 (1981年)
11. シュリー・シュル・ロワールとシャロンヌ間のロワール渓谷 (1981年・2000年拡張)
12. サラン・レ・バンの大製塩所からアル・ケ・スナンの王立製塩所までの煎熬塩の生産 (1982年・2009年拡張)
13. ナンシーのスタニスラス広場,カリエール広場,アリアンス広場 (1983年)
14. サン・サヴァン・シュル・ガルタンプ修道院付属教会 (1983年)
15. ポン・デュ・ガール (1985年)
16. ストラスブールのグラン・ディルとノイシュタット (1988年・2017年拡張)
17. パリのセーヌ河岸 (1991年)
18. ランスのノートルダム大聖堂,サン・レミ旧大修道院,トー宮殿 (1991年)
19. ブールジュ大聖堂 (1992年)
20. アヴィニョン歴史地区:教皇宮殿,大司教座の建造物群およびアヴィニョン橋 (1995年)
21. ミディ運河 (1996年)
22. 歴史的城塞都市カルカソンヌ (1997年)
23. リヨン歴史地区 (1998年)
24. フランスのサンティアゴ・デ・コンポステーラの巡礼路 (1998年)
25. サンテミリオン地域 (1999年)
26. ベルギーとフランスの鐘楼群 (1999年・2005年拡張)
27. 中世市場都市プロヴァン (2001年)
28. オーギュスト・ペレによって再建された都市ル・アーヴル (2005年)
29. 月の港ボルドー (2007年)
30. ヴォーバンの防衛施設群 (2008年)
31. アルビの司教都市 (2010年)
32. コースとセヴェンヌの地中海農牧業の文化的景観 (2011年)
33. アルプス山脈周辺の先史時代の杭上住居群 (2011年)
 〔6か国共有(イタリア・オーストリア・スイス・スロベニア・ドイツ・フランス).フランスでは11物件が登録〕
34. ノール・パ・デュ・カレーの炭田地帯 (2012年)
35. ショーヴェ=ポン・ダルク洞窟とも呼ばれるアルデシュ県ポン・ダルクの装飾洞窟 (2014年)
36. ブルゴーニュのブドウ畑のクリマ (2015年)
37. シャンパーニュの丘陵,メゾンとカーヴ (2015年)
38. ル・コルビュジエの建築作品 - 近代建築運動への顕著な貢献 - (2016年)
 〔7か国共有(ドイツ・アルゼンチン・ベルギー・フランス・インド・日本・スイス).フランスでは10物件が登録〕
 ♥ 日本では東京・上野公園にある「国立西洋美術館」が登録
39. タプタプアテア (2017年)
 〔南太平洋のフランス領ポリネシアのライアテア島タプタプアテア市オポア地区にある祭祀遺跡〕

●自然遺産

40. ピアナのカランク,ジロラータ湾,スカンドーラ自然保護区を含むポルト湾 (1983年)〔コルシカ島〕
41. ニューカレドニアの礁湖:サンゴ礁の多様性と関連する生態系 (2008年)〔海外領土〕
42. レユニオン島の尖峰群,圏谷群および絶壁群 (2010年)〔海外領土〕

●複合遺産

43. ピレネー山脈のペルデュ山 (1997年・1999年拡張)〔共有:スペイン・フランス〕

65

Appendice

付録 ● 文法まとめ

1. 文法（早見表）

◆ 冠詞・指示形容詞・指示代名詞

	男性単数	女性単数	男性複数	女性複数
定冠詞	le (l')	la (l')	les	
不定冠詞	un	une	des	
部分冠詞	du (de l')	de la (de l')		
指示形容詞	ce (cet)	cette	ces	
指示代名詞	celui	celle	ceux	celles

◆ 前置詞と定冠詞の縮約

à ＋定冠詞　　　〔国名の場合〕
à le → au　／ au Japon
à la → à la　／ en France
à l' → à l'　／ en Angleterre
à les → aux　／ aux États-Unis

de ＋定冠詞　　　〔国名の場合〕
de le → du　／ du Japon
de la → de la　／ de France
de l' → de l'　／ d'Angleterre
de les → des　／ des États-Unis

◆ 疑問副詞

いつ	どこ	どのように	なぜ / なぜなら	いくつ
quand	où	comment	pourquoi / parce que (qu')	combien

◆ 疑問形容詞

男性単数	女性単数	男性複数	女性複数
quel	quelle	quels	quelles

◆ 疑問代名詞①

		主語		直接目的語	その他（属詞 / 前置詞の後など）
人	誰が	Qui 動詞 ? Qui est-ce qui 動詞 ?	誰を	Qui est-ce que (qu') 主語 動詞 ? 主語 動詞 qui ?	Qui est-ce ? C'est qui ? （前置詞 + qui）
物	何が	Qu'est-ce qui 動詞 ?	誰を	Que (Qu') 主語 − 動詞 ? Qu'est-ce que (qu') 主語 動詞 ? 主語 動詞 quoi ?	Qu'est-ce que c'est ? C'est quoi ? （前置詞 + quoi）

＊ quoi は文頭以外で用いる

◆ 疑問代名詞②

	男性単数	女性単数	男性複数	女性複数
	lequel	laquelle	lesquels	lesquelles
前置詞　à + lequel	auquel	à laquelle	auxquels	auxquelles
前置詞 de + lequel	duquel	de laquelle	desquels	desquelles

＊前置詞が à, de の場合，縮約形になる

◆ 中性代名詞

en　不定冠詞・部分冠詞・数詞＋名詞，de ＋名詞
y　　場所を示す前置詞＋場所名，à ＋名詞
le　　属詞，動詞，前文の内容

Appendice

◆人称代名詞

主語	直接目的補語	間接目的補語	再帰代名詞 (代名動詞)	強勢形
je (j')	me (m')	me (m')	me (m')	moi
tu	te (t')	te (t')	te (t')	toi
il	le (l')	lui	se (s')	lui
elle	la (l')	lui	se (s')	elle
nous	nous	nous	nous	nous
vous	vous	vous	vous	vous
ils	les	leur	se (s')	eux
elles	les	leur	se (s')	elles

◆所有形容詞

男性単数	女性単数	男性・女性複数
mon	ma (mon)	mes
ton	ta (ton)	tes
son	sa (son)	ses
notre	notre	nos
votre	votre	vos
leur	leur	leurs

◆代名詞語順

●肯定命令以外

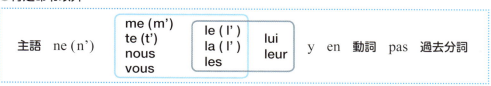

主語　ne (n')　me (m') / te (t') / nous / vous　le (l') / la (l') / les　lui / leur　y　en　動詞　pas　過去分詞

●肯定命令以外

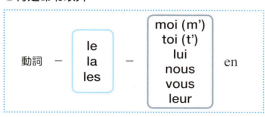

動詞 − le / la / les − moi (m') / toi (t') / lui / nous / vous / leur　en

◆所有代名詞

	男性単数	女性単数	男性複数	女性複数
私のもの	le mien	la mienne	les miens	les miennes
君のもの	le tien	la tienne	les tiens	les tiennes
彼のもの	le sien	la sienne	les siens	les siennes
彼女のもの	le sien	la sienne	les siens	les siennes
私たちのもの	le nôtre	la nôtre	les nôtres	les nôtres
あなた(たち) 君たちのもの	le vôtre	la vôtre	les vôtres	les vôtres
彼らのもの	le leur	la leur	les leurs	les leurs
彼女たちのもの	le leur	la leur	les leurs	les leurs

◆関係代名詞

先行詞〔qui〕　動詞　〔先行詞が関係詞節で主語となる〕
先行詞〔que (qu')〕　主語　動詞　〔先行詞が関係詞節で直接目的補語となる〕
先行詞〔dont〕　主語　動詞　〔先行詞が関係詞節で de + 名詞となる〕
先行詞〔où〕　主語　動詞　〔先行詞が関係詞節で場所や時を表す状況補語となる〕

●前置詞＋関係代名詞

＊先行詞が人の場合： 前置詞 + qui

＊先行詞が物の場合：

	男性単数	女性単数	男性複数	女性複数
前置詞 +	前置詞 + lequel	前置詞 + laquelle	前置詞 + lesquels	前置詞 + lesquelles
à +	auquel	à laquelle	auxquels	auxquelles
de +	duquel	de laquelle	desquels	desquelles

67

Appendice

◆比較

●比較級

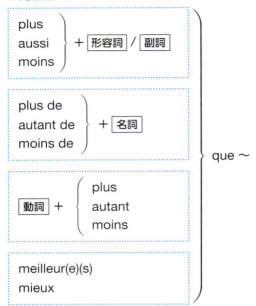

{ plus / aussi / moins } + [形容詞] / [副詞]

{ plus de / autant de / moins de } + [名詞]

[動詞] + { plus / autant / moins }

{ meilleur(e)(s) / mieux }

} que ～

●最上級

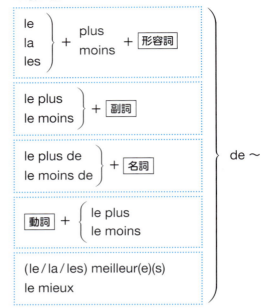

{ le / la / les } + { plus / moins } + [形容詞]

{ le plus / le moins } + [副詞]

{ le plus de / le moins de } + [名詞]

[動詞] + { le plus / le moins }

(le / la / les) meilleur(e)(s) / le mieux

} de ～

◆強調構文

C'est + （強調したいもの：主語）　　　+ **qui** 動詞　　（代名詞は強勢形）
C'est + （強調したいもの：主語以外）+ **que** 主語 動詞

◆受動態

主語 (être) + 過去分詞　　**par** ～ ［動作］
　　　　　　　　　　　　　　de ～ ［状態］

- ◆過去分詞：主語に性数一致
- ◆時制：être 動詞を変化させる

〔複合過去〕主語 + (avoir の現在形 + été) + 過去分詞
〔半過去〕　主語 + (être の半過去形) + 過去分詞
〔単純未来〕主語 + (être の単純未来形) + 過去分詞

◆話法

●直接話法 → 間接話法

直接話法		間接話法
« 　　　»	→	**que** 主語 動詞
Est-ce que	→	**si** 主語 動詞
Qu'est-ce que / Que	→	**ce que** 主語 動詞
Qu'est-ce qui	→	**ce qui** 動詞
Qui est-ce que / Qui	→	**qui** 主語 動詞
Qui est-ce qui / Qui	→	**qui** 動詞

＊疑問副詞　→　疑問副詞　主語 動詞
　(Quand　→　**quand**　主語 動詞)
　(Où　→　**où**　主語 動詞)　など

＊命令文　→　**de** 動詞の原形

> 注意
> 人称代名詞，所有形容詞などは，「話し手」から見たものに変える

＊主節の動詞が過去であれば，従属節の時制は変化する

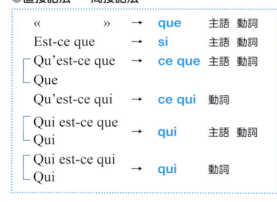

直説法現在	➡	直説法半過去
直説法近接未来	➡	直説法半過去
直説法近接過去	➡	直説法半過去
直説法複合過去	➡	直説法大過去
直説法単純未来	➡	条件法現在
直説法前未来	➡	条件法過去

※半過去，大過去，条件法は変化しない

◆副詞の変化

〔現在を基準にした言い方〕		〔過去のある時点を基準にした言い方〕	
aujourd'hui	→	ce jour-là	その日
hier	→	la veille	前日
demain	→	le lendemain	翌日
maintenant	→	alors	その時
ce matin	→	ce matin-là	その日の朝
ici	→	là	そこに

2. 動詞の活用と時制

◆直説法現在形の活用語尾

主語	原形語尾 (-er, -ir, -re, -oir)				
je	-e	-is	-x	-s	-s
tu	-es	-is	-x	-s	-s
il /elle	-e	-it	-t	-t	—
nous	-ons	-issons			
vous	-ez	-issez		-es	
ils / elles	-ent	-issent		-ont	

＊例外：être, avoir, aller など

◆近接未来： 主語 *ne (n')* **aller** *pas* ＋ 動詞の原形
◆近接過去： 主語 *ne* **venir** *pas de (d')* ＋ 動詞の原形

◆時制の活用語尾

主語	半過去	単純未来	条件法現在	接続法現在
je	-ais	-rai	-rais	-e
tu	-ais	-ras	-rais	-es
il / elle	-ait	-ra	-rait	-e
nous	-ions	-rons	-rions	-ions
vous	-iez	-rez	-riez	-iez
ils / elles	-aient	-ront	-raient	-ent

◆語幹

半過去 現在分詞	nous の直説法現在形から語尾 -ons を除いたもの
単純未来 条件法現在	動詞の原形から r (re) を除いたもの
接続法	ils / elles の直説法現在形から語尾 -ent を除いたもの nous の直説法現在形から語尾 -ons を除いたもの

◆現在分詞： -ant
◆ジェロンディフ： en ＋ -ant（現在分詞）

◆複合時制

複合過去	avoir être	の直説法現在	＋ 過去分詞
大過去	avoir (av-) être (ét-)	の直説法半過去	＋ 過去分詞
前未来	avoir (au-) être (se-)	の直説法単純未来	＋ 過去分詞
条件法過去	avoir (au-) être (se-)	の条件法現在	＋ 過去分詞
接続法過去	avoir être	の接続法現在	＋ 過去分詞

［過去分詞］
-er → -é
-ir → -i
〔その他〕 -u -is -it

◆仮定法
〔現在の事実に反する仮定〕 Si ＋ 直説法半過去 …, 条件法現在 「もし〜だったら，…するのに」
〔過去の事実に反する仮定〕 Si ＋ 直説法大過去 …, 条件法過去 「もし〜していたら，したのに / だったのに」
　＊〔実現可能な仮定を表す場合〕 Si ＋ 直説法現在 …, 直説法単純未来 / 近接未来等

［過去分詞の性数一致］
1) 受動態で主語に性数一致　Elle a été mordu**e** par son chien.
2) 複合時制において助動詞が être の場合，主語に性数一致　Elle est parti**e** pour la France.
3) 複合時制において助動詞が avoir の場合，直接目的補語が過去分詞より前にある時，直接目的補語に性数一致
　　Ses parents, elle *les* a vu**s** hier. / Je ne trouve plus *la montre* que j'avais achet**ée** à Paris.
4) 複合時制において代名動詞の再帰代名詞が直接目的補語の場合，再帰代名詞に性数一致
　　Elle ne *s'*est pas lev**ée** tôt hier.

3. 補足

◆ 直説法単純過去

〔用法〕 物語や歴史的事実において，過去の出来事を現在から切り離したものとして述べるのに用いられる．
日常語では複合過去を用いる．

〔活用〕

	-ai 型	is 型	us 型	ins 型
je	-ai	-is	-us	-ins
tu	-as	-is	-us	-ins
il / elle	-a	-it	-ut	-int
nous	-âmes	-îmes	-ûmes	-înmes
vous	-âtes	-îtes	-ûtes	-întes
ils / elles	-èrent	-îrent	-urent	-înrent
同型活用の動詞	-er	-ir -re -oir	-ir -re -oir	
	aller	faire	être avoir	venir tenir

être（直説法単純過去）
je	fus
tu	fus
il	fut
elle	fut
nous	fûmes
vous	fûtes
ils	furent
elles	furent

avoir（直説法単純過去）
j'	eus
tu	eus
il	eut
elle	eut
nous	eûmes
vous	eûtes
ils	eurent
elles	eurent

〔例文〕 Napoléon **naquit** en Corse en 1769. ナポレオンは1769年にコルシカ島で生まれた

◆ 直説法前過去

〔用法〕 単純過去と同様に文章語で用いられ，単純過去で表される主節の動作の直前に行われたことを示し，
quand, lorsque, dès que 等の時間節の中で使われることが多い．また独立節では短い瞬間に動作が完了したことを表す．

〔活用〕

être（直説法単純過去）＋ 過去分詞

je	fus
tu	fus
il	fut
elle	fut
nous	fûmes
vous	fûtes
ils	furent
elles	furent

＋ 過去分詞

avoir（直説法単純過去）＋ 過去分詞

j'	eus
tu	eus
il	eut
elle	eut
nous	eûmes
vous	eûtes
ils	eurent
elles	eurent

＋ 過去分詞

〔例文〕 Aussitôt qu'ils **eurent vu** leur enfant, ils se mirent à pleurer. 彼らは彼らの子どもを見るやいなや泣き出した

動詞変化表

I. aimer
II. arriver
III. être aimé(e)(s)
IV. se lever

1. avoir
2. être
3. parler
4. placer
5. manger
6. acheter
7. appeler
8. préférer
9. employer
10. envoyer
11. aller
12. finir
13. partir
14. courir
15. fuir
16. mourir
17. venir
18. ouvrir
19. rendre
20. mettre
21. battre
22. suivre
23. vivre
24. écrire
25. connaître
26. naître
27. conduire
28. suffire
29. lire
30. plaire
31. dire
32. faire
33. rire
34. croire
35. craindre
36. prendre
37. boire
38. voir
39. asseoir
40. recevoir
41. devoir
42. pouvoir
43. vouloir
44. savoir
45. valoir
46. falloir
47. pleuvoir

不定詞・分詞形	直　説　法		
	現　　在	半　過　去	単　純　過　去
I. aimer aimant aimé ayant aimé （助動詞　avoir）	j'　　aime tu　　aimes il　　aime nous　aimons vous　aimez ils　　aiment	j'　　aimais tu　　aimais il　　aimait nous　aimions vous　aimiez ils　　aimaient	j'　　aimai tu　　aimas il　　aima nous　aimâmes vous　aimâtes ils　　aimèrent
命　令　形 aime aimons aimez	複　合　過　去 j'　　ai　　aimé tu　　as　　aimé il　　a　　aimé nous　avons　aimé vous　avez　aimé ils　　ont　aimé	大　過　去 j'　　avais　aimé tu　　avais　aimé il　　avait　aimé nous　avions　aimé vous　aviez　aimé ils　　avaient　aimé	前　過　去 j'　　eus　aimé tu　　eus　aimé il　　eut　aimé nous　eûmes　aimé vous　eûtes　aimé ils　　eurent　aimé
II. arriver arrivant arrivé étant arrivé(e)(s) （助動詞　être）	複　合　過　去 je　　suis　arrivé(e) tu　　es　arrivé(e) il　　est　arrivé elle　est　arrivée nous　sommes　arrivé(e)s vous　êtes　arrivé(e)(s) ils　　sont　arrivés elles　sont　arrivées	大　過　去 j'　　étais　arrivé(e) tu　　étais　arrivé(e) il　　était　arrivé elle　était　arrivée nous　étions　arrivé(e)s vous　étiez　arrivé(e)(s) ils　　étaient　arrivés elles　étaient　arrivées	前　過　去 je　　fus　arrivé(e) tu　　fus　arrivé(e) il　　fut　arrivé elle　fut　arrivée nous　fûmes　arrivé(e)s vous　fûtes　arrivé(e)(s) ils　　furent　arrivés elles　furent　arrivées
III. être aimé(e)(s) 受動態 étant aimé(e)(s) ayant été aimé(e)(s)	現　　在 je　　suis　aimé(e) tu　　es　aimé(e) il　　est　aimé elle　est　aimée n.　sommes　aimé(e)s v.　êtes　aimé(e)(s) ils　　sont　aimés elles　sont　aimées	半　過　去 j'　　étais　aimé(e) tu　　étais　aimé(e) il　　était　aimé elle　était　aimée n.　étions　aimé(e)s v.　étiez　aimé(e)(s) ils　　étaient　aimés elles　étaient　aimées	単　純　過　去 je　　fus　aimé(e) tu　　fus　aimé(e) il　　fut　aimé elle　fut　aimé e n.　fûmes　aimé(e)s v.　fûtes　aimé(e)(s) ils　　furent　aimés elles　furent　aimées
命　令　形 sois aimé(e) soyons aimé(e)s soyez aimé(e)(s)	複　合　過　去 j'　　ai　été　aimé(e) tu　　as　été　aimé(e) il　　a　été　aimé elle　a　été　aimée n.　avons　été　aimé(e)s v.　avez　été　aimé(e)(s) ils　　ont　été　aimés elles　ont　été　aimées	大　過　去 j'　　avais　été　aimé(e) tu　　avais　été　aimé(e) il　　avait　été　aimé elle　avait　été　aimée n.　avions　été　aimé(e)s v.　aviez　été　aimé(e)(s) ils　　avaient　été　aimés elles　avaient　été　aimées	前　過　去 j'　　eus　été　aimé(e) tu　　eus　été　aimé(e) il　　eut　été　aimé elle　eut　été　aimée n.　eûmes　été　aimé(e)s v.　eûtes　été　aimé(e)(s) ils　　eurent　été　aimés elles　eurent　été　aimées
IV. se lever 代名動詞 se levant s'étant levé(e)(s)	現　　在 je　me　lève tu　te　lèves il　se　lève n.　n.　levons v.　v.　levez ils　se　lèvent	半　過　去 je　me　levais tu　te　levais il　se　levait n.　n.　levions v.　v.　leviez ils　se　levaient	単　純　過　去 je　me　levai tu　te　levas il　se　leva n.　n.　levâmes v.　v.　levâtes ils　se　levèrent
命　令　形 lève-toi levons-nous levez-vous	複　合　過　去 je　me　suis　levé(e) tu　t'　es　levé(e) il　s'　est　levé elle　s'　est　levée n.　n.　sommes　levé(e)s v.　v.　êtes　levé(e)(s) ils　se　sont　levés elles　se　sont　levées	大　過　去 je　m'　étais　levé(e) tu　t'　étais　levé(e) il　s'　était　levé elle　s'　était　levée n.　n.　étions　levé(e)s v.　v.　étiez　levé(e)(s) ils　s'　étaient　levés elles　s'　étaient　levées	前　過　去 je　me　fus　levé(e) tu　te　fus　levé(e) il　se　fut　levé elle　se　fut　levée n.　n.　fûmes　levé(e)s v.　v.　fûtes　levé(e)(s) ils　se　furent　levés elles　se　furent　levées

直　説　法	条　件　法	接　続　法	
単　純　未　来 j' aimerai tu aimeras il aimera nous aimerons vous aimerez ils aimeront	現　　　在 j' aimerais tu aimerais il aimerait nous aimerions vous aimeriez ils aimeraient	現　　　在 j' aime tu aimes il aime nous aimions vous aimiez ils aiment	半　過　去 j' aimasse tu aimasses il aimât nous aimassions vous aimassiez ils aimassent
前　未　来 j' aurai aimé tu auras aimé il aura aimé nous aurons aimé vous aurez aimé ils auront aimé	過　　　去 j' aurais aimé tu aurais aimé il aurait aimé nous aurions aimé vous auriez aimé ils auraient aimé	過　　　去 j' aie aimé tu aies aimé il ait aimé nous ayons aimé vous ayez aimé ils aient aimé	大　過　去 j' eusse aimé tu eusses aimé il eût aimé nous eussions aimé vous eussiez aimé ils eussent aimé
前　未　来 je serai arrivé(e) tu seras arrivé(e) il sera arrivé elle sera arrivée nous serons arrivé(e)s vous serez arrivé(e)(s) ils seront arrivés elles seront arrivées	過　　　去 je serais arrivé(e) tu serais arrivé(e) il serait arrivé elle serait arrivée nous serions arrivé(e)s vous seriez arrivé(e)(s) ils seraient arrivés elles seraient arrivées	過　　　去 je sois arrivé(e) tu sois arrivé(e) il soit arrivé elle soit arrivée nous soyons arrivé(e)s vous soyez arrivé(e)(s) ils soient arrivés elles soient arrivées	大　過　去 je fusse arrivé(e) tu fusses arrivé(e) il fût arrivé elle fût arrivée nous fussions arrivé(e)s vous fussiez arrivé(e)(s) ils fussent arrivés elles fussent arrivées
単　純　未　来 je serai aimé(e) tu seras aimé(e) il sera aimé elle sera aimée n. serons aimé(e)s v. serez aimé(e)(s) ils seront aimés elles seront aimées	現　　　在 je serais aimé(e) tu serais aimé(e) il serait aimé elle serait aimée n. serions aimé(e)s v. seriez aimé(e)(s) ils seraient aimés elles seraient aimées	現　　　在 je sois aimé(e) tu sois aimé(e) il soit aimé elle soit aimée n. soyons aimé(e)s v. soyez aimé(e)(s) ils soient aimés elles soient aimées	半　過　去 je fusse aimé(e) tu fusses aimé(e) il fût aimé elle fût aimée n. fussions aimé(e)s v. fussiez aimé(e)(s) ils fussent aimés elles fussent aimées
前　未　来 j' aurai été aimé(e) tu auras été aimé(e) il aura été aimé elle aura été aimée n. aurons été aimé(e)s v. aurez été aimé(e)(s) ils auront été aimés elles auront été aimées	過　　　去 j' aurais été aimé(e) tu aurais été aimé(e) il aurait été aimé elle aurait été aimée n. aurions été aimé(e)s v. auriez été aimé(e)(s) ils auraient été aimés elles auraient été aimées	過　　　去 j' aie été aimé(e) tu aies été aimé(e) il ait été aimé elle ait été aimée n. ayons été aimé(e)s v. ayez été aimé(e)(s) ils aient été aimés elles aient été aimées	大　過　去 j' eusse été aimé(e) tu eusses été aimé(e) il eût été aimé elle eût été aimée n. eussions été aimé(e)s v. eussiez été aimé(e)(s) ils eussent été aimés elles eussent été aimées
単　純　未　来 je me lèverai tu te lèveras il se lèvera n. n. lèverons v. v. lèverez ils se lèveront	現　　　在 je me lèverais tu te lèverais il se lèverait n. n. lèverions v. v. lèveriez ils se lèveraient	現　　　在 je me lève tu te lèves il se lève n. n. levions v. v. leviez ils se lèvent	半　過　去 je me levasse tu te levasses il se levât n. n. levassions v. v. levassiez ils se levassent
前　未　来 je me serai levé(e) tu te seras levé(e) il se sera levé elle se sera levée n. n. serons levé(e)s v. v. serez levé(e)(s) ils se seront levés elles se seront levées	過　　　去 je me serais levé(e) tu te serais levé(e) il se serait levé elle se serait levée n. n. serions levé(e)s v. v. seriez levé(e)(s) ils se seraient levés elles se seraient levées	過　　　去 je me sois levé(e) tu te sois levé(e) il se soit levé elle se soit levée n. n. soyons levé(e)s v. v. soyez levé(e)(s) ils se soient levés elles se soient levées	大　過　去 je me fusse levé(e) tu te fusses levé(e) il se fût levé elle se fût levée n. n. fussions levé(e)s v. v. fussiez levé(e)(s) ils se fussent levés elles se fussent levées

不定詞 / 分詞形	直説法			
	現在	半過去	単純過去	単純未来
1. avoir もつ ayant eu [y]	j' ai tu as il a n. avons v. avez ils ont	j' avais tu avais il avait n. avions v. aviez ils avaient	j' eus [y] tu eus il eut n. eûmes v. eûtes ils eurent	j' aurai tu auras il aura n. aurons v. aurez ils auront
2. être 在る étant été	je suis tu es il est n. sommes v. êtes ils sont	j' étais tu étais il était n. étions v. étiez ils étaient	je fus tu fus il fut n. fûmes v. fûtes ils furent	je serai tu seras il sera n. serons v. serez ils seront
3. parler 話す parlant parlé	je parle tu parles il parle n. parlons v. parlez ils parlent	je parlais tu parlais il parlait n. parlions v. parliez ils parlaient	je parlai tu parlas il parla n. parlâmes v. parlâtes ils parlèrent	je parlerai tu parleras il parlera n. parlerons v. parlerez ils parleront
4. placer 置く plaçant placé	je place tu places il place n. plaçons v. placez ils placent	je plaçais tu plaçais il plaçait n. placions v. placiez ils plaçaient	je plaçai tu plaças il plaça n. plaçâmes v. plaçâtes ils placèrent	je placerai tu placeras il placera n. placerons v. placerez ils placeront
5. manger 食べる mangeant mangé	je mange tu manges il mange n. mangeons v. mangez ils mangent	je mangeais tu mangeais il mangeait n. mangions v. mangiez ils mangeaient	je mangeai tu mangeas il mangea n. mangeâmes v. mangeâtes ils mangèrent	je mangerai tu mangeras il mangera n. mangerons v. mangerez ils mangeront
6. acheter 買う achetant acheté	j' achète tu achètes il achète n. achetons v. achetez ils achètent	j' achetais tu achetais il achetait n. achetions v. achetiez ils achetaient	j' achetai tu achetas il acheta n. achetâmes v. achetâtes ils achetèrent	j' achèterai tu achèteras il achètera n. achèterons v. achèterez ils achèteront
7. appeler 呼ぶ appelant appelé	j' appelle tu appelles il appelle n. appelons v. appelez ils appellent	j' appelais tu appelais il appelait n. appelions v. appeliez ils appelaient	j' appelai tu appelas il appela n. appelâmes v. appelâtes ils appelèrent	j' appellerai tu appelleras il appellera n. appellerons v. appellerez ils appelleront
8. préférer より好む préférant préféré	je préfère tu préfères il préfère n. préférons v. préférez ils préfèrent	je préférais tu préférais il préférait n. préférions v. préfériez ils préféraient	je préférai tu préféras il préféra n. préférâmes v. préférâtes ils préférèrent	je préférerai tu préféreras il préférera n. préférerons v. préférerez ils préféreront

条件法	接続法		命令形	同型活用の動詞 (注意)
現在	現在	半過去	現在	
j' aurais tu aurais il aurait n. aurions v. auriez ils auraient	j' aie tu aies il ait n. ayons v. ayez ils aient	j' eusse tu eusses il eût n. eussions v. eussiez ils eussent	aie ayons ayez	
je serais tu serais il serait n. serions v. seriez ils seraient	je sois tu sois il soit n. soyons v. soyez ils soient	je fusse tu fusses il fût n. fussions v. fussiez ils fussent	sois soyons soyez	
je parlerais tu parlerais il parlerait n. parlerions v. parleriez ils parleraient	je parle tu parles il parle n. parlions v. parliez ils parlent	je parlasse tu parlasses il parlât n. parlassions v. parlassiez ils parlassent	parle parlons parlez	第1群規則動詞 (4型～10型をのぞく)
je placerais tu placerais il placerait n. placerions v. placeriez ils placeraient	je place tu places il place n. placions v. placiez ils placent	je plaçasse tu plaçasses il plaçât n. plaçassions v. plaçassiez ils plaçassent	place plaçons placez	—cer の動詞 annoncer, avancer, commencer, effacer, renoncer など. (a, o の前で c → ç)
je mangerais tu mangerais il mangerait n. mangerions v. mangeriez ils mangeraient	je mange tu manges il mange n. mangions v. mangiez ils mangent	je mangeasse tu mangeasses il mangeât n. mangeassions v. mangeassiez ils mangeassent	mange mangeons mangez	—ger の動詞 arranger, changer, charger, engager, nager, obliger など. (a, o の前で g → ge)
j' achèterais tu achèterais il achèterait n. achèterions v. achèteriez ils achèteraient	j' achète tu achètes il achète n. achetions v. achetiez ils achètent	j' achetasse tu achetasses il achetât n. achetassions v. achetassiez ils achetassent	achète achetons achetez	—e＋子音＋er の動詞 achever, lever, mener など. (7型をのぞく. e muet を 含む音節の前で e → è)
j' appellerais tu appellerais il appellerait n. appellerions v. appelleriez ils appelleraient	j' appelle tu appelles il appelle n. appelions v. appeliez ils appellent	j' appelasse tu appelasses il appelât n. appelassions v. appelassiez ils appelassent	appelle appelons appelez	—eter, —eler の動詞 jeter, rappeler など. (6型のものもある. e muet の前で t, l を重ねる)
je préférerais tu préférerais il préférerait n. préférerions v. préféreriez ils préféreraient	je préfère tu préfères il préfère n. préférions v. préfériez ils préfèrent	je préférasse tu préférasses il préférât n. préférassions v. préférassiez ils préférassent	préfère préférons préférez	—é＋子音＋er の動詞 céder, espérer, opérer, répéter など. (e muet を含む語末音節 の前で é → è)

不定詞 分詞形	直説法			
	現在	半過去	単純過去	単純未来
9. employer 使う employant employé	j' emploie tu emploies il emploie n. employons v. employez ils emploient	j' employais tu employais il employait n. employions v. employiez ils employaient	j' employai tu employas il employa n. employâmes v. employâtes ils employèrent	j' emploierai tu emploieras il emploiera n. emploierons v. emploierez ils emploieront
10. envoyer 送る envoyant envoyé	j' envoie tu envoies il envoie n. envoyons v. envoyez ils envoient	j' envoyais tu envoyais il envoyait n. envoyions v. envoyiez ils envoyaient	j' envoyai tu envoyas il envoya n. envoyâmes v. envoyâtes ils envoyèrent	j' enverrai tu enverras il enverra n. enverrons v. enverrez ils enverront
11. aller 行く allant allé	je vais tu vas il va n. allons v. allez ils vont	j' allais tu allais il allait n. allions v. alliez ils allaient	j' allai tu allas il alla n. allâmes v. allâtes ils allèrent	j' irai tu iras il ira n. irons v. irez ils iront
12. finir 終える finissant fini	je finis tu finis il finit n. finissons v. finissez ils finissent	je finissais tu finissais il finissait n. finissions v. finissiez ils finissaient	je finis tu finis il finit n. finîmes v. finîtes ils finirent	je finirai tu finiras il finira n. finirons v. finirez ils finiront
13. partir 出発する partant parti	je pars tu pars il part n. partons v. partez ils partent	je partais tu partais il partait n. partions v. partiez ils partaient	je partis tu partis il partit n. partîmes v. partîtes ils partirent	je partirai tu partiras il partira n. partirons v. partirez ils partiront
14. courir 走る courant couru	je cours tu cours il court n. courons v. courez ils courent	je courais tu courais il courait n. courions v. couriez ils couraient	je courus tu courus il courut n. courûmes v. courûtes ils coururent	je courrai tu courras il courra n. courrons v. courrez ils courront
15. fuir 逃げる fuyant fui	je fuis tu fuis il fuit n. fuyons v. fuyez ils fuient	je fuyais tu fuyais il fuyait n. fuyions v. fuyiez ils fuyaient	je fuis tu fuis il fuit n. fuîmes v. fuîtes ils fuirent	je fuirai tu fuiras il fuira n. fuirons v. fuirez ils fuiront
16. mourir 死ぬ mourant mort	je meurs tu meurs il meurt n. mourons v. mourez ils meurent	je mourais tu mourais il mourait n. mourions v. mouriez ils mouraient	je mourus tu mourus il mourut n. mourûmes v. mourûtes ils moururent	je mourrai tu mourras il mourra n. mourrons v. mourrez ils mourront

条件法	接続法		命令形	同型活用の動詞
現在	現在	半過去	現在	（注意）
j' emploierais tu emploierais il emploierait n. emploierions v. emploieriez ils emploieraient	j' emploie tu emploies il emploie n. employions v. employiez ils emploient	j' employasse tu employasses il employât n. employassions v. employassiez ils employassent	emploie employons employez	—oyer, —uyer, —ayer の動詞 （e muet の前で y → i. —ayer は 3 型でもよい. また envoyer → 10）
j' enverrais tu enverrais il enverrait n. enverrions v. enverriez ils enverraient	j' envoie tu envoies il envoie n. envoyions v. envoyiez ils envoient	j' envoyasse tu envoyasses il envoyât n. envoyassions v. envoyassiez ils envoyassent	envoie envoyons envoyez	renvoyer （未来，条・現のみ 9 型と ことなる）
j' irais tu irais il irait n. irions v. iriez ils iraient	j' aille tu ailles il aille n. allions v. alliez ils aillent	j' allasse tu allasses il allât n. allassions v. allassiez ils allassent	va allons allez	
je finirais tu finirais il finirait n. finirions v. finiriez ils finiraient	je finisse tu finisses il finisse n. finissions v. finissiez ils finissent	je finisse tu finisses il finît n. finissions v. finissiez ils finissent	finis finissons finissez	第 2 群規則動詞
je partirais tu partirais il partirait n. partirions v. partiriez ils partiraient	je parte tu partes il parte n. partions v. partiez ils partent	je partisse tu partisses il partît n. partissions v. partissiez ils partissent	pars partons partez	dormir, endormir, se repentir, sentir, servir, sortir
je courrais tu courrais il courrait n. courrions v. courriez ils courraient	je coure tu coures il coure n. courions v. couriez ils courent	je courusse tu courusses il courût n. courussions v. courussiez ils courussent	cours courons courez	accourir, parcourir, secourir
je fuirais tu fuirais il fuirait n. fuirions v. fuiriez ils fuiraient	je fuie tu fuies il fuie n. fuyions v. fuyiez ils fuient	je fuisse tu fuisses il fuît n. fuissions v. fuissiez ils fuissent	fuis fuyons fuyez	s'enfuir
je mourrais tu mourrais il mourrait n. mourrions v. mourriez ils mourraient	je meure tu meures il meure n. mourions v. mouriez ils meurent	je mourusse tu mourusses il mourût n. mourussions v. mourussiez ils mourussent	meurs mourons mourez	

不定詞 分詞形	直説法			
	現在	半過去	単純過去	単純未来
17. venir 来る venant venu	je viens tu viens il vient n. venons v. venez ils viennent	je venais tu venais il venait n. venions v. veniez ils venaient	je vins tu vins il vint n. vînmes v. vîntes ils vinrent	je viendrai tu viendras il viendra n. viendrons v. viendrez ils viendront
18. ouvrir あける ouvrant ouvert	j' ouvre tu ouvres il ouvre n. ouvrons v. ouvrez ils ouvrent	j' ouvrais tu ouvrais il ouvrait n. ouvrions v. ouvriez ils ouvraient	j' ouvris tu ouvris il ouvrit n. ouvrîmes v. ouvrîtes ils ouvrirent	j' ouvrirai tu ouvriras il ouvrira n. ouvrirons v. ouvrirez ils ouvriront
19. rendre 返す rendant rendu	je rends tu rends il rend n. rendons v. rendez ils rendent	je rendais tu rendais il rendait n. rendions v. rendiez ils rendaient	je rendis tu rendis il rendit n. rendîmes v. rendîtes ils rendirent	je rendrai tu rendras il rendra n. rendrons v. rendrez ils rendront
20. mettre 置く mettant mis	je mets tu mets il met n. mettons v. mettez ils mettent	je mettais tu mettais il mettait n. mettions v. mettiez ils mettaient	je mis tu mis il mit n. mîmes v. mîtes ils mirent	je mettrai tu mettras il mettra n. mettrons v. mettrez ils mettront
21. battre 打つ battant battu	je bats tu bats il bat n. battons v. battez ils battent	je battais tu battais il battait n. battions v. battiez ils battaient	je battis tu battis il battit n. battîmes v. battîtes ils battirent	je battrai tu battras il battra n. battrons v. battrez ils battront
22. suivre ついて行く suivant suivi	je suis tu suis il suit n. suivons v. suivez ils suivent	je suivais tu suivais il suivait n. suivions v. suiviez ils suivaient	je suivis tu suivis il suivit n. suivîmes v. suivîtes ils suivirent	je suivrai tu suivras il suivra n. suivrons v. suivrez ils suivront
23. vivre 生きる vivant vécu	je vis tu vis il vit n. vivons v. vivez ils vivent	je vivais tu vivais il vivait n. vivions v. viviez ils vivaient	je vécus tu vécus il vécut n. vécûmes v. vécûtes ils vécurent	je vivrai tu vivras il vivra n. vivrons v. vivrez ils vivront
24. écrire 書く écrivant écrit	j' écris tu écris il écrit n. écrivons v. écrivez ils écrivent	j' écrivais tu écrivais il écrivait n. écrivions v. écriviez ils écrivaient	j' écrivis tu écrivis il écrivit n. écrivîmes v. écrivîtes ils écrivirent	j' écrirai tu écriras il écrira n. écrirons v. écrirez ils écriront

条件法	接続法		命令形	同型活用の動詞
現在	現在	半過去	現在	（注意）
je viendrais tu viendrais il viendrait n. viendrions v. viendriez ils viendraient	je vienne tu viennes il vienne n. venions v. veniez ils viennent	je vinsse tu vinsses il vînt n. vinssions v. vinssiez ils vinssent	viens venons venez	convenir, devenir, provenir, revenir, se souvenir ; tenir, appartenir, maintenir, obtenir, retenir, soutenir
j' ouvrirais tu ouvrirais il ouvrirait n. ouvririons v. ouvririez ils ouvriraient	j' ouvre tu ouvres il ouvre n. ouvrions v. ouvriez ils ouvrent	j' ouvrisse tu ouvrisses il ouvrît n. ouvrissions v. ouvrissiez ils ouvrissent	ouvre ouvrons ouvrez	couvrir, découvrir, offrir, souffrir
je rendrais tu rendrais il rendrait n. rendrions v. rendriez ils rendraient	je rende tu rendes il rende n. rendions v. rendiez ils rendent	je rendisse tu rendisses il rendît n. rendissions v. rendissiez ils rendissent	rends rendons rendez	attendre, défendre, descendre entendre, perdre, prétendre, répondre, tendre, vendre
je mettrais tu mettrais il mettrait n. mettrions v. mettriez ils mettraient	je mette tu mettes il mette n. mettions v. mettiez ils mettent	je misse tu misses il mît n. missions v. missiez ils missent	mets mettons mettez	admettre, commettre, permettre, promettre, remettre, soumettre
je battrais tu battrais il battrait n. battrions v. battriez ils battraient	je batte tu battes il batte n. battions v. battiez ils battent	je battisse tu battisses il battît n. battissions v. battissiez ils battissent	bats battons battez	abattre, combattre
je suivrais tu suivrais il suivrait n. suivrions v. suivriez ils suivraient	je suive tu suives il suive n. suivions v. suiviez ils suivent	je suivisse tu suivisses il suivît n. suivissions v. suivissiez ils suivissent	suis suivons suivez	poursuivre
je vivrais tu vivrais il vivrait n. vivrions v. vivriez ils vivraient	je vive tu vives il vive n. vivions v. viviez ils vivent	je vécusse tu vécusses il vécût n. vécussions v. vécussiez ils vécussent	vis vivons vivez	
j' écrirais tu écrirais il écrirait n. écririons v. écririez ils écriraient	j' écrive tu écrives il écrive n. écrivions v. écriviez ils écrivent	j' écrivisse tu écrivisses il écrivît n. écrivissions v. écrivissiez ils écrivissent	écris écrivons écrivez	décrire, inscrire

不定詞 分詞形	直説法			
	現在	半過去	単純過去	単純未来
25. connaître 知っている connaissant connu	je connais tu connais il connaît n. connaissons v. connaissez ils connaissent	je connaissais tu connaissais il connaissait n. connaissions v. connaissiez ils connaissaient	je connus tu connus il connut n. connûmes v. connûtes ils connurent	je connaîtrai tu connaîtras il connaîtra n. connaîtrons v. connaîtrez ils connaîtront
26. naître 生まれる naissant né	je nais tu nais il naît n. naissons v. naissez ils naissent	je naissais tu naissais il naissait n. naissions v. naissiez ils naissaient	je naquis tu naquis il naquit n. naquîmes v. naquîtes ils naquirent	je naîtrai tu naîtras il naîtra n. naîtrons v. naîtrez ils naîtront
27. conduire みちびく conduisant conduit	je conduis tu conduis il conduit n. conduisons v. conduisez ils conduisent	je conduisais tu conduisais il conduisait n. conduisions v. conduisiez ils conduisaient	je conduisis tu conduisis il conduisit n. conduisîmes v. conduisîtes ils conduisirent	je conduirai tu conduiras il conduira n. conduirons v. conduirez ils conduiront
28. suffire 足りる suffisant suffi	je suffis tu suffis il suffit n. suffisons v. suffisez ils suffisent	je suffisais tu suffisais il suffisait n. suffisions v. suffisiez ils suffisaient	je suffis tu suffis il suffit n. suffîmes v. suffîtes ils suffirent	je suffirai tu suffiras il suffira n. suffirons v. suffirez ils suffiront
29. lire 読む lisant lu	je lis tu lis il lit n. lisons v. lisez ils lisent	je lisais tu lisais il lisait n. lisions v. lisiez ils lisaient	je lus tu lus il lut n. lûmes v. lûtes ils lurent	je lirai tu liras il lira n. lirons v. lirez ils liront
30. plaire 気に入る plaisant plu	je plais tu plais il plaît n. plaisons v. plaisez ils plaisent	je plaisais tu plaisais il plaisait n. plaisions v. plaisiez ils plaisaient	je plus tu plus il plut n. plûmes v. plûtes ils plurent	je plairai tu plairas il plaira n. plairons v. plairez ils plairont
31. dire 言う disant dit	je dis tu dis il dit n. disons v. dites ils disent	je disais tu disais il disait n. disions v. disiez ils disaient	je dis tu dis il dit n. dîmes v. dîtes ils dirent	je dirai tu diras il dira n. dirons v. direz ils diront
32. faire する faisant [fzɑ̃] fait	je fais tu fais il fait n. faisons [fzɔ̃] v. faites ils font	je faisais [fzɛ] tu faisais il faisait n. faisions v. faisiez ils faisaient	je fis tu fis il fit n. fîmes v. fîtes ils firent	je ferai tu feras il fera n. ferons v. ferez ils feront

条件法	接続法		命令形	同型活用の動詞
現在	現在	半過去	現在	（注意）
je connaîtrais tu connaîtrais il connaîtrait n. connaîtrions v. connaîtriez ils connaîtraient	je connaisse tu connaisses il connaisse n. connaissions v. connaissiez ils connaissent	je connusse tu connusses il connût n. connussions v. connussiez ils connussent	connais connaissons connaissez	reconnaître ; paraître, apparaître, disparaître （t の前で i → î）
je naîtrais tu naîtrais il naîtrait n. naîtrions v. naîtriez ils naîtraient	je naisse tu naisses il naisse n. naissions v. naissiez ils naissent	je naquisse tu naquisses il naquît n. naquissions v. naquissiez ils naquissent	nais naissons naissez	renaître （t の前で i → î）
je conduirais tu conduirais il conduirait n. conduirions v. conduiriez ils conduiraient	je conduise tu conduises il conduise n. conduisions v. conduisiez ils conduisent	je conduisisse tu conduisisses il conduisît n. conduisissions v. conduisissiez ils conduisissent	conduis conduisons conduisez	introduire, produire, traduire ; construire, détruire
je suffirais tu suffirais il suffirait n. suffirions v. suffiriez ils suffiraient	je suffise tu suffises il suffise n. suffisions v. suffisiez ils suffisent	je suffisse tu suffisses il suffît n. suffissions v. suffissiez ils suffissent	suffis suffisons suffisez	
je lirais tu lirais il lirait n. lirions v. liriez ils liraient	je lise tu lises il lise n. lisions v. lisiez ils lisent	je lusse tu lusses il lût n. lussions v. lussiez ils lussent	lis lisons lisez	élire, relire
je plairais tu plairais il plairait n. plairions v. plairiez ils plairaient	je plaise tu plaises il plaise n. plaisions v. plaisiez ils plaisent	je plusse tu plusses il plût n. plussions v. plussiez ils plussent	plais plaisons plaisez	déplaire, taire （ただし taire の直・現・ 3 人称単数 il tait）
je dirais tu dirais il dirait n. dirions v. diriez ils diraient	je dise tu dises il dise n. disions v. disiez ils disent	je disse tu disses il dît n. dissions v. dissiez ils dissent	dis disons dites	redire
je ferais tu ferais il ferait n. ferions v. feriez ils feraient	je fasse tu fasses il fasse n. fassions v. fassiez ils fassent	je fisse tu fisses il fît n. fissions v. fissiez ils fissent	fais faisons faites	défaire, refaire, satisfaire

不定詞 分詞形	直説法			
	現在	半過去	単純過去	単純未来
33. rire 笑う riant ri	je ris tu ris il rit n. rions v. riez ils rient	je riais tu riais il riait n. riions v. riiez ils riaient	je ris tu ris il rit n. rîmes v. rîtes ils rirent	je rirai tu riras il rira n. rirons v. rirez ils riront
34. croire 信じる croyant cru	je crois tu crois il croit n. croyons v. croyez ils croient	je croyais tu croyais il croyait n. croyions v. croyiez ils croyaient	je crus tu crus il crut n. crûmes v. crûtes ils crurent	je croirai tu croiras il croira n. croirons v. croirez ils croiront
35. craindre おそれる craignant craint	je crains tu crains il craint n. craignons v. craignez ils craignent	je craignais tu craignais il craignait n. craignions v. craigniez ils craignaient	je craignis tu craignis il craignit n. craignîmes v. craignîtes ils craignirent	je craindrai tu craindras il craindra n. craindrons v. craindrez ils craindront
36. prendre とる prenant pris	je prends tu prends il prend n. prenons v. prenez ils prennent	je prenais tu prenais il prenait n. prenions v. preniez ils prenaient	je pris tu pris il prit n. prîmes v. prîtes ils prirent	je prendrai tu prendras il prendra n. prendrons v. prendrez ils prendront
37. boire 飲む buvant bu	je bois tu bois il boit n. buvons v. buvez ils boivent	je buvais tu buvais il buvait n. buvions v. buviez ils buvaient	je bus tu bus il but n. bûmes v. bûtes ils burent	je boirai tu boiras il boira n. boirons v. boirez ils boiront
38. voir 見る voyant vu	je vois tu vois il voit n. voyons v. voyez ils voient	je voyais tu voyais il voyait n. voyions v. voyiez ils voyaient	je vis tu vis il vit n. vîmes v. vîtes ils virent	je verrai tu verras il verra n. verrons v. verrez ils verront
39. asseoir 座らせる asseyant assoyant assis	j' assieds tu assieds il assied n. asseyons v. asseyez ils asseyent	j' asseyais tu asseyais il asseyait n. asseyions v. asseyiez ils asseyaient	j' assis tu assis il assit n. assîmes v. assîtes ils assirent	j' assiérai tu assiéras il assiéra n. assiérons v. assiérez ils assiéront
	j' assois tu assois il assoit n. assoyons v. assoyez ils assoient	j' assoyais tu assoyais il assoyait n. assoyions v. assoyiez ils assoyaient		j' assoirai tu assoiras il assoira n. assoirons v. assoirez ils assoiront

条件法	接続法		命令形	同型活用の動詞（注意）
現在	現在	半過去	現在	
je rirais tu rirais il rirait n. ririons v. ririez ils riraient	je rie tu ries il rie n. riions v. riiez ils rient	je risse tu risses il rît n. rissions v. rissiez ils rissent	ris rions riez	sourire
je croirais tu croirais il croirait n. croirions v. croiriez ils croiraient	je croie tu croies il croie n. croyions v. croyiez ils croient	je crusse tu crusses il crût n. crussions v. crussiez ils crussent	crois croyons croyez	
je craindrais tu craindrais il craindrait n. craindrions v. craindriez ils craindraient	je craigne tu craignes il craigne n. craignions v. craigniez ils craignent	je craignisse tu craignisses il craignît n. craignissions v. craignissiez ils craignissent	crains craignons craignez	plaindre ; atteindre, éteindre, peindre; joindre, rejoindre
je prendrais tu prendrais il prendrait n. prendrions v. prendriez ils prendraient	je prenne tu prennes il prenne n. prenions v. preniez ils prennent	je prisse tu prisses il prît n. prissions v. prissiez ils prissent	prends prenons prenez	apprendre, comprendre, surprendre
je boirais tu boirais il boirait n. boirions v. boiriez ils boiraient	je boive tu boives il boive n. buvions v. buviez ils boivent	je busse tu busses il bût n. bussions v. bussiez ils bussent	bois buvons buvez	
je verrais tu verrais il verrait n. verrions v. verriez ils verraient	je voie tu voies il voie n. voyions v. voyiez ils voient	je visse tu visses il vît n. vissions v. vissiez ils vissent	vois voyons voyez	revoir
j' assiérais tu assiérais il assiérait n. assiérions v. assiériez ils assiéraient	j' asseye tu asseyes il asseye n. asseyions v. asseyiez ils asseyent	j' assisse tu assisses il assît n. assissions v. assissiez ils assissent	assieds asseyons asseyez	（代名動詞 s'asseoir として用いられることが多い．下段は俗語調）
j' assoirais tu assoirais il assoirait n. assoirions v. assoiriez ils assoiraient	j' assoie tu assoies il assoie n. assoyions v. assoyiez ils assoient		assois assoyons assoyez	

不定詞 分詞形	直説法			
	現在	半過去	単純過去	単純未来
40. recevoir 受取る recevant reçu	je reçois tu reçois il reçoit n. recevons v. recevez ils reçoivent	je recevais tu recevais il recevait n. recevions v. receviez ils recevaient	je reçus tu reçus il reçut n. reçûmes v. reçûtes ils reçurent	je recevrai tu recevras il recevra n. recevrons v. recevrez ils recevront
41. devoir ねばならぬ devant dû, due dus, dues	je dois tu dois il doit n. devons v. devez ils doivent	je devais tu devais il devait n. devions v. deviez ils devaient	je dus tu dus il dut n. dûmes v. dûtes ils durent	je devrai tu devras il devra n. devrons v. devrez ils devront
42. pouvoir できる pouvant pu	je peux (puis) tu peux il peut n. pouvons v. pouvez ils peuvent	je pouvais tu pouvais il pouvait n. pouvions v. pouviez ils pouvaient	je pus tu pus il put n. pûmes v. pûtes ils purent	je pourrai tu pourras il pourra n. pourrons v. pourrez ils pourront
43. vouloir のぞむ voulant voulu	je veux tu veux il veut n. voulons v. voulez ils veulent	je voulais tu voulais il voulait n. voulions v. vouliez ils voulaient	je voulus tu voulus il voulut n. voulûmes v. voulûtes ils voulurent	je voudrai tu voudras il voudra n. voudrons v. voudrez ils voudront
44. savoir 知っている sachant su	je sais tu sais il sait n. savons v. savez ils savent	je savais tu savais il savait n. savions v. saviez ils savaient	je sus tu sus il sut n. sûmes v. sûtes ils surent	je saurai tu sauras il saura n. saurons v. saurez ils sauront
45. valoir 価値がある valant valu	je vaux tu vaux il vaut n. valons v. valez ils valent	je valais tu valais il valait n. valions v. valiez ils valaient	je valus tu valus il valut n. valûmes v. valûtes ils valurent	je vaudrai tu vaudras il vaudra n. vaudrons v. vaudrez ils vaudront
46. falloir 必要である — fallu	il faut	il fallait	il fallut	il faudra
47. pleuvoir 雨が降る pleuvant plu	il pleut	il pleuvait	il plut	il pleuvra

条件法	接続法		命令形	同型活用の動詞（注意）
現在	現在	半過去	現在	
je recevrais tu recevrais il recevrait n. recevrions v. recevriez ils recevraient	je reçoive tu reçoives il reçoive n. recevions v. receviez ils reçoivent	je reçusse tu reçusses il reçût n. reçussions v. reçussiez ils reçussent	reçois recevons recevez	apercevoir, concevoir
je devrais tu devrais il devrait n. devrions v. devriez ils devraient	je doive tu doives il doive n. devions v. deviez ils doivent	je dusse tu dusses il dût n. dussions v. dussiez ils dussent		（過去分詞は du＝de＋le と区別するために男性単数のみ dû と綴る）
je pourrais tu pourrais il pourrait n. pourrions v. pourriez ils pourraient	je puisse tu puisses il puisse n. puissions v. puissiez ils puissent	je pusse tu pusses il pût n. pussions v. pussiez ils pussent		
je voudrais tu voudrais il voudrait n. voudrions v. voudriez ils voudraient	je veuille tu veuilles il veuille n. voulions v. vouliez ils veuillent	je voulusse tu voulusses il voulût n. voulussions v. voulussiez ils voulussent	veuille veuillons veuillez	
je saurais tu saurais il saurait n. saurions v. sauriez ils sauraient	je sache tu saches il sache n. sachions v. sachiez ils sachent	je susse tu susses il sût n. sussions v. sussiez ils sussent	sache sachons sachez	
je vaudrais tu vaudrais il vaudrait n. vaudrions v. vaudriez ils vaudraient	je vaille tu vailles il vaille n. valions v. valiez ils vaillent	je valusse tu valusses il valût n. valussions v. valussiez ils valussent		
il faudrait	il faille	il fallût		
il pleuvrait	il pleuve	il plût		

Appendice

付録 ● 数字（一覧） 🎧 2-55

1	un / une	30	trente	90	quatre-vingt-dix		
2	deux	31		91	quatre-vingt-onze		
3	trois	32		92			
4	quatre	…		…			
5	cinq	40	quarante	100	cent	101	cent un
6	six	41				110	cent dix
7	sept	42				111	cent onze
8	huit	…		200	deux cents	201	deux cent un
9	neuf	50	cinquante	300	trois cents		
10	dix	51		400	quatre cents		
11	onze	52		500	cinq cents		
12	douze	…		600	six cents		
13	treize	60	soixante	700	sept cents		
14	quatorze	61		800	huit cents		
15	quinze	62		900	neuf cents		
16	seize	…		1 000	mille		
17	dix-sept	70	soixante-dix	1999	mille neuf cent quatre-vingt-dix-neuf		
18	dix-huit	71	soixante et onze		*dix-neuf cent quatre-vingt-dix-neuf		
19	dix-neuf	72	soixante-douze	2 000	deux mille		
20	vingt	73	soixante-treize	2 001	deux mille un		
21	vingt et un	74	soixante-quatorze	2 002	deux mille deux		
22	vingt-deux	75	soixante-quinze	2 003	deux mille trois		
23	vingt-trois	76	soixante-seize	2 004	deux mille quatre		
24	vingt-quatre	77	soixante-dix-sept	2 005	deux mille cinq		
25	vingt-cinq	78	soixante-dix-huit	2 010	deux mille dix		
26	vingt-six	79	soixante-dix-neuf	2 016	deux mille seize		
27	vingt-sept	80	quatre-vingts	2 019	deux mille dix-neuf		
28	vingt-huit	81	quatre-vingt-un	2 020	deux mille vingt		
29	vingt-neuf	82					
		83		1 000 000	un million		
		…		1 000 000 000	un milliard		

イラスト・装丁：小熊未央
吹き込み：Vincent Durrenberger / Isabelle Ito
写真提供：有富智世 / 安藤博文 / 服部悦子

なびふらんせ 2
― フランス世界遺産をめぐる ―

| 検印省略 | Ⓒ 2019 年 1 月 30 日　第 1 版　発行 |

著　者　　　　有富智世
　　　　　　　安藤博文
　　　　　　　内田智秀
　　　　　　　喜久川功
　　　　　　　服部悦子

発行者　　　　原　　雅久

発行所　　　　株式会社 朝 日 出 版 社
　　　〒 101-0065　東京都千代田区西神田 3-3-5
　　　　　　　電話 (03) 3239-0271・72 (代表)
　　　　　　　振替口座　東京 00140-2-46008
　　　　　　　　http://www.asahipress.com/
　　　　　　　　欧友社／図書印刷

乱丁、落丁本はお取り替えいたします。
ISBN978-4-255-35300-5 C1085

本書の一部あるいは全部を無断で複写複製（撮影・デジタル化を含む）及び転載することは、法律上で認められた場合を除き、禁じられています。

よく使う表現・数字（早見表）

▶挨拶 🎧 2-56

また近いうちに	À bientôt.
また今晩にね	À ce soir !
明日また会いましょう	À demain !
もしもし？	Allô ?
乾杯	À votre santé !
また今度	À la prochaine fois.
また来週	À la semaine prochaine.
また後で	À plus tard.
またすぐ後で	À tout à l'heure !
さようなら	Au revoir.
ようこそ	Bienvenue !
お元気ですか？	Comment allez-vous ?
うまくいってますか？	Ça marche bien ?
大したことはありません	Ça ne fait rien.
	Ce n'est pas grave.
まあまあです	Comme ci comme ça.
どういたしまして	De rien.
	Il n'y a pas de quoi.
	Je vous en prie.
元気です	Je vais bien.
かなりいいです	Pas mal.
ご両親によろしく	Dites bonjour à vos parents !
はじめまして	Enchanté(e).
すみません	Excusez-moi.
お寛ぎ下さい	Faites comme chez vous !
お話は伺っています	J'ai entendu parler de vous.
申し訳ありません	Je suis désolé(e).
すみません	Je vous demande pardon.
ありがとうございます	Je vous remercie.
メリークリスマス	Joyeux Noël !
やあ / じゃあね	Salut !

▶bon を使った表現 🎧 2-57

新年おめでとう	Bonne année !
お誕生日おめでとう	Bon anniversaire !
召し上がれ	Bon appétit !
がんばってね	Bon courage !
よい日曜日を	Bon dimanche !
幸運を祈ります	Bonne chance !
よい一日を	Bonne journée !
たのしいお祭りを	Bonne fête !
おやすみなさい	Bonne nuit !
こんばんは	Bonsoir !
よい夕べを	Bonne soirée !
よい休暇を	Bonnes vacances !
よい旅を	Bon voyage !
よい週末を	Bon week-end !
朝早く	de bonne heure

▶同意表現 🎧 2-58

よろこんで	Avec plaisir !
もちろん	Bien sûr.
わかりました	D'accord.
承知しました	Entendu.
よろこんで	Volontiers.

▶感想など 🎧 2-59

それは (値段が) 高いです	Ça coûte cher.
いい匂いですね	Ça sent bon.
美味しそうですね	Ça a l'air bon.
大したことありません	Ce n'est pas grave.
まさか	Ce n'est pas possible.
それは本当ではない	Ce n'est pas vrai.
いま流行っています	C'est à la mode.
満員です	C'est complet.
残念です	C'est dommage.
終わった	C'est fini.
ご親切に	C'est gentil.
とてもきれいですね	C'est très joli.
お買い得です	C'est très bon marché.
手遅れです (遅すぎる)	C'est trop tard.
間違いです	C'est une erreur.
問題ありません	Pas de problème.
しかたない	Tant pis.
それはよかった	Tant mieux.

▶自分のことをいう 🎧 2-60

すぐに行きます	J'arrive.
うんざりです	J'en ai assez.
食べ過ぎた	J'ai trop mangé.
よく眠れません	Je dors mal.
それをいただきます	Je le prends.
お話を伺います	Je vous écoute.
思い違いをしていました	J'avais mal compris.

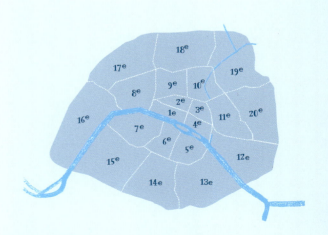